小念头

恋爱中的沈从文

赵瑜 著

作家出版社

沈从文和张兆和
1935 年夏于苏州

目录

第四辑　痴狂

第五辑　暖热

第六辑　怅惘

自序　至今心折沈从文

沈从文一九二八年写了小说《龙朱》。他很用力地雕塑龙朱的貌美：族长儿子龙朱年十七岁，为美男子中之美男子，这个人，美丽强壮像狮子，温和谦逊如小羊。是人中模型。是权威。是力。是光。

我很有幸验证了这一点。

二〇〇八年七月二十七日上午，沈龙朱做客海南，在海南省图书馆出席讲座《我所理解的沈从文》，作为主办方之一的作协，委派我来主持他的讲座。

这就要说起我对沈从文的热爱了。追溯到二〇〇六年夏天，我经过长时间的准备，携带数册沈从文的书籍，上了路，从常德出发，入凤凰，后又过怀化入洪江、芷江、新晃，复返回凤凰，小住数日后，又去了花垣、保靖、永顺、龙山等地。我怀揣着一份沈从文一九三四年回湘西的地图，为了找寻箱子岩和鸭窠围两处地方，我费尽了周折。一路上的失望与惊喜参半。在河滩边，或者在船上，听着河流的声音，阅读沈从文写给新婚妻子张兆和的情书，觉得，世界被沈从文的文字软化，如果你携带一本沈从文的散文集行走湘西，你会觉得，世界是那么的水草丰富，连一只吊脚楼边上的小羊的叫声，都充满了诗意。

正是这次历时一个月的湘西行走后，我决定在凤凰买一套房子。

介绍完自己，我介绍坐在台下的沈龙朱，我说，沈从文先生在自己的小说中预测了自己儿子的长相，我刚才确认了一下，沈龙朱先生虽然已经年届七旬，他的确是美男子中的美男子。

我的介绍让大家掌声四起。

自然还是要介绍沈从文的，因为是图书馆，所以坐在台下的人并不全是沈从文的痴迷者，有的人大约第一次听到这个名字，如何在简短的时间内让他们安静下来，对沈从文充满好奇，是主持人必须要做的。我大约是这样介绍沈从文先生的：

在二十世纪八十年代以前，沈从文这个人和中国现代文学史是没有关系的。但是自八十年代初开始，他的作品突然被一次又一次地再版，这个只有小学毕业的文学大师，这个曾经站在大学讲台上十多分钟一句话也说不出来的作家，这个喜欢上自己的女学生执着追求的浪漫的人，给我们留下了太多的精神财富。沈从文的散文和小说都极尽了中国地方性叙事的温暖之美和率性之味。新中国成立以后，因为他的历史问题——历史上他曾经和胡适、徐志摩等人走得很近，又因为他也曾经和鲁迅先生发生过争执，所以，他一直在中国现代文学史上没有地位。

一九七九年，一个叫作荒芜的诗人发表的一首诗揭开了沈从文作品走向大众的序幕，诗是这样的：边城山城碧罗裙，小翠清歌处处闻；我论文章尊五四，至今心折沈从文。

一九八八年，沈从文去世后，瑞典文学院的马悦然教授写了这样一段话："知道沈从文去了，我很难过。想到他一生的境遇，更觉得伤心……最可悲的，中国年轻的一代根本就没有读过沈从文的作品，听过他的名字，却不晓得他写些什么。大陆作家高行健在瑞典时，我将沈的作品给他读，因为他也不曾读过。他读完了，大为吃惊：三十年代的中国就有这样的文学？！作为一个外国的观察者，发现中国人不知道自己伟大的作品，我觉得哀伤。"

作为沈从文的长子，沈龙朱继承了沈从文和张兆和纤细的形貌，虽然岁月在他脸上刻下许多纹络，但不掩他的美貌。对一个男人用貌美描述仿佛是贬义的，但为了尊重沈从文先生在《龙朱》中的刻意雕刻，我继承了他的笔法。

沈龙朱是一个很随意的人，他和弟弟沈虎雏均学了理工。因为青春岁月在中国"文革"中度过，他的讲座从一九四九年前后开始。

他详细地报告了沈从文的"思"与"信"相互矛盾的一生。甚至，他也仔细回顾了家庭成员对父亲的误解。

解放初期，他们全家陷入了一种革命主旋律的大背景里，张兆和要去石家庄参加革命大学的学习，沈龙朱也加入了革命宣传队，就连刚入少先队的沈虎雏每每回家也都嚷嚷着要父亲去写觉悟书。为什么沈从文要写觉悟书呢，沈龙朱交代到了诸多传记里没有的一个细节：

沈从文所在的北京大学为内城，到了一九四八年年底的时候，北京已经被完全围困，北京城外的清华、人大都已经解放了，只剩下北大等城中心的一小块土地。国民党固守的部队没有办法，只好在东单公园附近砍伐树木，平整土地，临时建了一个飞机场。国民党的相关组织者给北京大学的朱光潜、沈从文等人均送了机票，是全家的机票。这是一个生死大考，瞬间的抉择关系着一生。经过慎重的思考，沈从文决定留下来。朱光潜也留了下来，他们是为了下一代。

然而，一个人的生活史总会给个人的内心留下阴影。沈从文的阴影在新中国成立以后被他敏感而脆弱的神经扩大，他感觉到他正一步步远离自己内心的写作。

当时的文化氛围一片赤红，沈从文在刚刚建国不久就被郭沫若划定为“桃红色”作家。文中斥道：“特别是沈从文，他一直有意识地作为反动派而活动着。”这个封号像一个暗喻一样把沈从文的内心洞穿，有好长一阵子，沈从文的精神出现了混沌，总感觉有人在暗杀他。

当时，全家人天天坐在一起开政治会议，批斗沈从文的孱弱和不积极进取。这种被家庭和社会孤立的感觉让沈从文有厌世情绪，一九四九年，沈从文曾两度自杀，给家庭带来了沉重的“负担”。全家人都觉得，他有必要去精神病医院休养一段时间了。

这样，著名作家沈从文先生，在北京的某精神病医院休养大约有半年的时间，终于“思”得了结果，向现实投降，写了一篇同意“为人民服务”的宣言，发表在报纸上。

现在想来，这是多么的滑稽和讽刺，仿佛一个人，要想为人民服务，不是默默无闻就可以做到的，必须当成一种口号大声喊出来才行。

其实，沈从文是一个有独立精神的文人，不管他自己如何称自己是一个乡下人，但他的阅读，他的积累，以及他的社会阅历，都已将他堆积成为一个知识分子。他做编辑，或者在大学里讲课，这些审美的训练，激发了他的判断能力。所以，才有了他独立自主的批评意识。比如他曾多次批评胡适去做官，要知道，胡适可是他的大恩人。还有呢，就是在鲁迅如日中天的时候，沈从文也曾就“京派与海派”的问题，与他打过笔仗。

说到底，沈从文最最春风得意的，依旧是恋爱的成功。自一九二九年的单恋开始，至一九三〇年的苏州探访，再到后来终成眷属。

一九三四年，婚后第一次分别，在小船上，他在情书里给张兆和写道：“说句公道话，我实在是比某些时下所谓作家高一筹的。我的工作行将超越一切而上。我的作品会比这些人的作品更传得久，播得远。我没有方法拒绝。”(《从文家书·湘行书简》)

这样子吹嘘，除了表达亲昵，还有抛开了过去封闭懦弱的念头，因为有爱情来滋润，他也可以打开自己，从容一些来面对各种赞誉或讽刺的意味。

张兆和是沈从文灵感的源头，在《湘行书简》的很多封信里，都表达了这样的意思，没有张兆和，他写不出那么多动人的文字。

正是在这样的阅读氛围下，我有了要写一本《恋爱中的沈从文》的设想。

沈龙朱在讲座结束后回答大家的提问，他很随和，坚持说自己不是什么教授，不过是一个退休老头，你们不必仰慕我，你们可以仰慕沈从文。

我负责给他递话筒，我看着他认真地回答一切问题，有时候还替他补充一两句，脑子里忽然又想起沈从文先生的新婚不久，因为母亲病重回湘西的场景。在船上，他坐在被子里给张兆和写信，信的开头照例要写上三妹或是三三：船正慢慢地上滩，我背船坐在被盖里，用自来水笔给你写这封长信。这样坐下写信并不吃力，你放心……

二〇〇八年七月，我给沈龙朱老师寄了我个人作品，并表达了要写《恋爱中的沈从文》一书的计划。他回了简单的信，毛笔，宣纸，颇有些民国文人的范儿。想来是家学的传统。信里的意思是，他是支持的，不必征求他的意见。

只是当时，我总觉得沈从文的“一杯甜酒”的故事已经被人写过多遍，新意若无，又何凑文。直到有一天，我重读沈从文的《记丁玲》一文，突然坐下来，觉得，沈从文这样一个爱情的顾问官，正是在这两个人的恋爱中慢慢生出了健全的关于爱的意识。

我知道，我应该如何写这本书了。

于是，就有了这本《小念头：恋爱中的沈从文》。

第一辑

怀春

之一　情商原始股

父亲这个词语，在沈从文的印象里比较模糊。他的教育，也多是母亲授予的。在自传里，沈从文确也是这样写的：“我母亲极小就认字读书，懂医方，会照相。舅父是个有新头脑的人物，本县第一个照相馆是舅父办的，第一个邮政局也是舅父办的。我等兄弟姊妹的初步教育，便全是这个瘦小、机警、富于胆气与常识的母亲担负的。”

沈从文的父亲沈宗嗣，是个有故事的人。大概是家庭氛围的缘故。他常有做一个英雄的冲动。又或者，在旧年月里，中国传统的意识，多是好男儿志在四方。在沈从文的记忆里，父亲负责制造英雄的故事给他。然而那故事却是一个悲剧的结尾，父亲终究并未成功。

沈宗嗣并非沈从文祖父的亲生儿子，而是沈从文叔祖与一个苗族年轻妹子的私生子。因为祖父沈洪富没有子嗣，沈宗嗣被过继给沈洪富。沈从文的苗族血统便是由此而来。

十多岁便开始习武的父亲，很快从了军，并做了守卫天津卫的裨将。庚子年（即一九〇〇年）八国联军进犯天津大沽的时候，提督自尽，而作裨将的沈宗嗣逃回家乡。

这样也好，若不是此次战争的失利，沈宗嗣便不会从军队返回湘西，自然，沈从文便也不会出生。

然而，回到家乡之后的沈宗嗣依旧入戏地扮演着革命党角色，辛亥革命之后，曾有一度，他是凤凰县民选的最高首长。这位不甘寂寞的军人，过不久，又和同县的一个姓吴的人一起竞选去长沙的会议代表，竞选失败。他很生气，摔了家里的几件细物之后，又一次跑到了北京闯荡。

这次闯荡，几乎成为一个永远难以猜出谜底的绝唱。沈宗嗣到了北京以后，便和几个乡党一起组织了一个铁血团。他们要刺杀袁世凯。又谈何容易呢？还没有动手，便被侦探们发现了。和他一起到北京的阙祝明当场被枪杀，而沈从文的父亲因为有熟人通知，逃到了热河避难。然而，这一避便是七八年的时间。沈从文的大哥沈云麓为了寻父亲，跑到了北京以及东北各省，钱花完了就在街头为人画像谋生，攒一些钱，便又开始到处打探。寻了很多年，才在赤峰找到了沈宗嗣。

这样描述实在太简略了，但已经足够惊心动魄。我相信，多年以后，在部队里订阅了报纸的沈从文，突然有一天决定去北京看看。其实，也得益于父亲的这种英雄梦般的启蒙。是啊，漂泊，去外面闯荡一番，这种基因式的性格是父亲给予沈从文的。

也正是因为父亲不在家里的缘故，沈从文的童年极为松弛，没有人管束他的上学，他开始逃课。《我读一本小书同时又读一本大书》，这便是他逃课所遇到的景致，一个对世界有好奇心的孩子，无论在什么地方，只要他留心，便是最好的学习。还有这篇《我上许多课仍然不放下那一本大书》，放不下啊，所以，只好继续逃课，去野外玩耍。

偷人家的船只去划，主人家越是骂就越是不还；下水游泳，又会被大哥打一顿；到集会上看别人卖牛时讨价发誓的样子；又或者是去赌场去看别人赌博，担心一个老实人会一下子输光身上的钱；这样小的年纪，情商完全没有建立，不过，仍然还是留意到苗族女人那高高耸起的奶头，沈从文这样写她们："我们间或还可在敞坪中看苗人决斗，用扁担或双刀互相拼命。小河边到了场期，照例来了无数小船和竹筏，竹筏上且常常有长眉秀目脸儿极白奶头高肿的青年苗族女人，用绣花大衣袖掩着口笑，使人看来十分舒服。"

十四岁那年，沈从文离开了家，去沅陵当兵。去当兵，自然要杀人的，沈从文跟着所在的部队去清乡，清乡就是去剿土匪。为了激励士兵们的斗志，每一个人都发一块大洋。沈从文用这一块大洋买了三双草鞋，一条面巾，一把名叫"黄鳝尾"的小刀。在清乡的路上，沈从文的战友死了三个，他们的部队却跑到怀化镇杀了那里上千人。在距离洪江和沅陵不远的一个小镇上，沈从文的部队住了四个月。这四个月里，对沈从文的人生造成影响的事情有一件，是一个商会会长家的女儿，夭折了，埋了以后，竟然被当地一个卖豆腐的年轻男人从坟墓里挖出来，背到了山洞里又睡了三天。之后，这男人又将女孩的尸体送回到墓地里。这事还是被发现，这个男人被就地枪决。在枪决前，沈从文不解地问他，你为什么做这样的事情？那人自言自语地说一句：美得很，美得很。

这事情打开了沈从文对世事理解的宽度，虽然此事于当时的伦理道德不合，却让沈从文很早便知，一个痴情的男人，丧心病狂起来，什么样的事情都做得出来，并且临死了还觉得“美得很”。

感情的事情，有时候就是让人想不通。

不久，沈从文的部队便到了怀化镇驻扎。在怀化镇，沈从文发现一个烟馆的老板娘很有风情，可是呢，这女人的风情却并不对所有的男人绽放。譬如他每一次过那妇女的眼前时，就会发现，那女人看到他时把脸会别向里面，不看外面的行人，装出一副端庄正派的贞静模样。可是如果部队里的军官穿着长长的风衣过来，那女人便会很巧妙地做一个眼风，把嘴角略动，故意拿着嗓子，娇滴滴地喊屋里的男人帮她做些小事。

沈从文年纪虽小，却已经知道女人并不是对所有人都好的，他这样写道：“这点富于人性的姿态，我当时就很能欣赏。”

是啊，年纪小小的，沈从文已经有了过来人的感触，这早熟得益于他早年便在山野村寨和集市上到处乱跑，他的感官一直是打开的，他没有被僵硬的生活给束缚住。

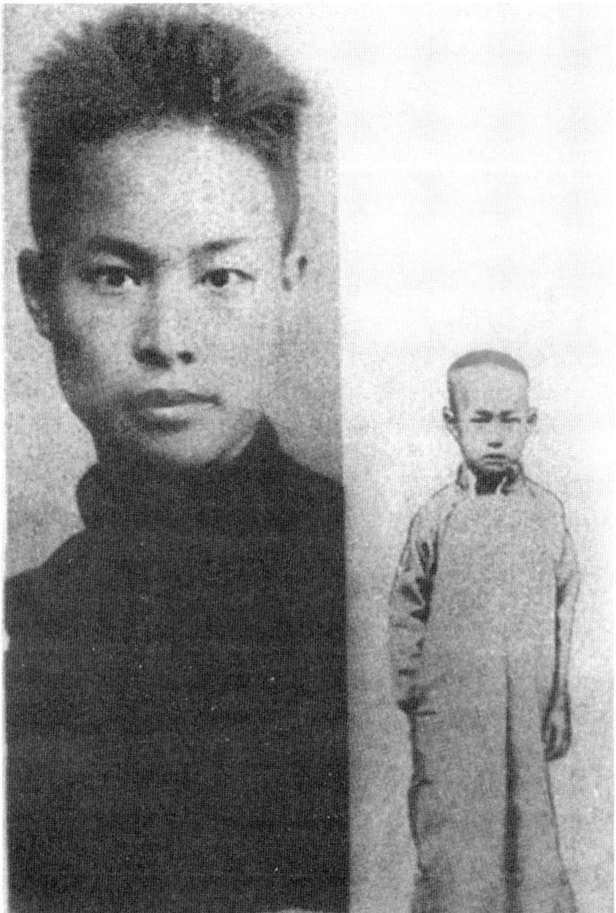

沈从文的青年时期与顽童时期

沈宗嗣
沈从文的父亲

黄素英
沈从文的母亲

之二　伤心史

沈从文幼年时的多动顽皮，大概与他身体里有着苗人的血液相关。而，沈从文多情且敏感的性格侧面，则大抵缘起于母亲的教育。

沈从文的母亲姓黄，叫作什么，却从未在文章里写过。直到二十世纪八十年代，有一个叫金介甫的美国人，要给沈从文写传记，沈从文才在书信里告诉他，母亲的名字叫作：黄素英。母亲是沈从文的启蒙老师。黄姓在凤凰也算是书香传家。沈从文的外祖父黄河清，考取过贡生，在清末的时候，曾编撰过十六卷本的《凤凰厅续志》。沈从文的舅舅黄镜铭是一个进步人士，在凤凰创办了第一家邮政局，并开设了第一家照相馆。而黄镜铭就是黄永玉的祖父。

十三岁那年，父亲刺杀袁世凯失败，在关外失踪。第二年袁世凯逝世，才开始写信到老家。于是，沈从文的大哥沈云麓，千里去寻父亲。母亲带着几个孩子，顾不了沈从文，所以想着让沈从文去当预备兵，省得沈从文老是逃课。第二年预备兵结束后，回到家里，沈从文发现，二姐死了。这是沈从文的一件伤心事，在自传里，沈从文这样写二姐："她比我大两岁，美丽，骄傲，聪明，大胆，在一行九个兄弟姐妹中，这姐姐比任何一个都强过一等。她的死也就死在那分要好使强的性格上。我特别伤心，埋葬时，悄悄带了一株山桃插在坟前土坎上。”

一九一八年八月，本来要上初中的，但是家境已经中落，沈从文顽皮，不好管教。母亲决定让他到本地一个杨姓亲戚的部队去当兵，这样或者可以继承他父亲的衣钵。八月下旬，沈从文便跟着部队到了沅陵。

在沅陵当兵的日子倒也惬意。先是做班长，后来做了司书。认识了一个司令官的秘书，学了不少的字，甚至还与人合伙订了一份《申报》。

部队后来入川作战，因为沈从文年纪太小，就将他和几个伤员留在了后方。

留在沅陵的沈从文渐渐寂寞起来，没有人聊天，就只好到河边看人家洗衣服，看都会中学的学生们玩球。

在街上遇到一群花枝招展的女孩子时，会被她们看，并指着他小声地说“有兵有兵”，每每这个时候，沈从文都由衷地觉得害羞，在他自己的感觉里，在那些粗陋的当兵的人面前，他已经是一个读书人了。他甚至还订了一份报纸呢，可是，这些隐秘的生活，外人怎么能知道呢？

这种总想证明自己是读书人的虚荣心，在这个时候，已经萌了芽苗，在他的内心里扎了根。

遗憾的是，入川增援的部队被对方全部杀死。沈从文和另外的留守人员大难不死，逃了一劫，领了一笔遣散费用，就离开了部队。

凤凰的家里没有什么事，沈从文又投奔在沅州（现在的芷江县）的一个舅舅黄巨川，舅舅做了当地的警察所长，他就在那里做一个警察所的办事员。

警察所除了办理各种罪案，还将地方屠宰税也兼收了过来。于是，沈从文又多了一个差事，便是去各个杀猪的场所查看，这些人到底交没交税赋。那个时候，当地的税赋是这样子的：每只猪抽收六百四十文的税捐，牛收两千文。而沈从文的月工资收入呢，大抵每月可以领到十二千文。

在沅州，沈从文还有一个姨父，是个有钱人，叫作熊捷三，是熊希龄的弟弟。沈从文这样写他："另外还有个亲戚，我的姨父，在本地算是一个大拇指人物，有钱，有势，从知事起任何人物任何军队都对他十分尊敬，从不敢稍稍得罪他。"

这位姨父，很欣赏沈从文。这位姨父喜欢作诗，沈从文呢，就用小楷替他抄好，因此还得以有机会在亲戚家里读书。

在这里，他用两个月的时间看了三部书，是翻译的狄更斯小说《冰雪因缘》《滑稽外史》与《贼史》，沈从文觉得这些打开了他的视野。

不久，凤凰的家因为债务也卖掉了，母亲和妹妹没有住处，又觉得在本县里租房丢脸，便投奔了沈从文。

因为沅州的亲戚多是有势力的人，沈从文以为生活从此会安定下来。他甚至在梦里梦到过自己的将来，大抵是这样的："假若命运不给我一些折磨，允许我那么把岁月送走，我想象这时节我应当在那地方做了一个小绅士，我的太太一定是个略有财产商人的女儿，我一定做了两任知事，还一定做了四个以上孩子的父亲；而且必然还会了吸鸦片烟。”

为什么会有这样的想法呢，因为，姨父熊捷三看上了沈从文，想让他做上门女婿。那个时节，表兄妹或姨兄妹是可以成亲的。

意外的是，舅父不久染了肺病，死了。收税的工作由原来的警察所移交给团防局接管，沈从文年纪小，做事勤快，得了“不疏忽”的评价，收税员的岗位保留了下来，继续做。还好吧，工资还多出了四千文，由原来的十二千文涨至十六千文。

沈从文自己呢，也学会了刻印章，写草书，甚至还和着这些乡绅的雅兴，做起了律诗。

团防局的一个后生仔，叫马泽淮，和沈从文相处得较好，一来二去的，邀请沈从文到他的家中做客，而他的姐姐马泽蕙呢，是一个细腰嫩白的女人，说是对沈从文颇为喜欢。

这样单纯的年纪，这样寂寞的人生，沈从文哪还有理智判断的能力，感动还来不及，迎着喜欢就欢喜起来。

很快，这消息便传到了沈从文寄居的姨父家里，姨父自然是生气的，将沈从文喊了去，当着沈从文母亲的面，提出四个女孩的名字，其中就有自己的女儿，意思是，让沈从文挑一个喜欢的，就可以定下亲事。

幸福过于集中到来，让沈从文一时间难以仔细体味，他只觉得轻飘，有虚构感。他年纪还小，并不懂得世事艰辛，只是觉得，就在这让他选择的这一刻，他突然有了一些莫名的虚荣。

这虚荣模糊，甜蜜，甚至陌生极了。这虚荣像一味药，将他的认知打碎，他只觉得，先向他表达好感的马泽淮的姐姐，大概是他这一生第一个情感启蒙的人，他要珍惜她。

打定了这样的主意，沈从文说："那不成，我不作你的女婿，也不作店老板的女婿。我有计划，得照我自己的计划作去。"

计划是什么呢？是沈从文给那个细腰嫩白的女孩写了无数首旧体诗，而那些诗送至女孩手中后，得到后生仔的回复是姐姐的欢喜。

这恋爱谈得战火连天，是的，恰好是这期间，有土匪攻打沅州城，守军与土匪激战数日，直到外军救援，才结束了战斗。

而这些枪炮声没有一声进入沈从文的耳朵里，他的内心里眼睛里耳朵里，全是那女孩的笑声，还有好看的眼睛，挺直的胸，以及杨柳般的腰。

是的，生活教给沈从文的第一课是这样的：那些并不知情的甜蜜里，可能被放了毒药。

马泽淮的姐姐喜欢沈从文，马泽淮自然也算是沈从文的亲戚了。这后生仔开始向沈从文借钱。今天借了三百，明天就还了回来。后天呢，又来借五百，过两天再还回来。直到有一天，一下借走了一千块大洋，却失踪了。

是的，沈从文的诗都写好了，却找不到人看了。姐弟两个人消失了。家里变卖房子的一点儿存款，就这样，被沈从文的初恋骗走了。

真是沮丧又气馁。沈从文这样描述自己当时的心情："我有点明白，我这乡下人吃了亏。我为那一笔巨大数目十分着骇，每天不拘作什么事都无心情。每天都想办法处置，却想不出比逃走更好的办法。”

前年才在姐姐的坟边上种了一株桃树，没想到却成了自己的预言，沈从文不得不逃离沅州，逃离亲人们关切又担忧的目光。

那一场风花雪月的事，终究成了母亲的眼泪。母亲并不是哭他被骗去的那些钱，而是哭沈从文身上流露出的这种天真、痴傻的气质，以及担忧沈从文将来会因为这气质而继续被骗的命运。

还好，这位很傻很天真的乡下人，多年以后，在口渴的时候，遇到一个邀请他喝口甜酒的女人。

需要备注说明的是，那位骗了沈从文感情和钱财的马泽淮的姐姐，坐船回家时被一伙土匪抢了去，做了押寨夫人。可是这女孩有钱啊，用骗沈从文的钱将自己赎了出来，不久便和驻洪江的一个团长结了婚。然而，命运不佳，团长不久便被枪毙了，这女人便回到沅州，在一家教堂里做了洋尼姑。

之三　逃离史

读沈从文的自传，常常想，他身体里流淌着的那一股苗族人的血液，对于他初次恋爱失利后的伤口，有着很好的止血功效。若不然，以他的那种敏感又懦弱的性格，很难在短时间内自我修复。

他的逃离史从这一次开始，越走越远，从沅州（芷江）至常德，从常德又去保靖，而又从保靖去北京，然后走上了中国文坛。可以说，这枚叫作沈从文的文学青年，他最初的创作，就只是在沅州时给马泽淮姐姐写的一些情诗。那些孤单又清凉的夜晚，一个单纯的少年，用尽青春期所有的热情熬制出的甜言蜜语，最终成了一个荒唐的笑话。

这打击并不持久，这些情诗对沈从文的训练也并非一无是处。不久后，沈从文到了常德，想去北京而没有盘缠。遇到黄永玉的父亲，他的表哥黄玉书。黄玉书在常德师范学习音乐美术，刚刚毕业，还没有找到工作，彼时的黄玉书喜欢上了一个在女校教美术的女教师杨光惠，挺痴情的模样。

这种痴情在沈从文看来十分熟悉，不久之前，那个傻瓜还是自己。

沈从文知道了黄玉书的恋爱，看他恋爱很是辛苦，就将自己以前写过的情诗背了几首给黄玉书听，这一听，黄玉书知道了沈从文的厉害，就求着沈从文帮他写情书。

代写情书，这大概是沈从文写作的开始，因为阅读信件的女性也是个知识分子，要怎么样才能打动她呢。在那样一个豆蔻年华里，沈从文的文学创作开始了。

需要梳理一下，沈从文从沅州逃到常德的时间。据沈从文年谱，大约是在一九二一年的九月，沈从文抵常德，那年沈从文十九岁。

沈从文曾经写过一篇创作谈，叫作《我的写作与水的关系》，因为沈从文自小就会游泳，但是真正让他对水以及水上的生活有深刻记忆，并主动长时间观察，是在常德。这在他的这篇《一个传奇的本事》中也有介绍，他这样写道："我有一课水上教育受得极离奇，是二十七年前在常德府那半年流荡。这个城市地图上看，即可知连接洞庭，贯穿黔川，扼住湘西的咽喉，是一个在经济上军事上都不可忽略的城市。城市的位置似乎浸在水中或水下，因为每年有好几个月城四面都是一片大水包围，水线有时比城中民房还高。保护到十万居民不至于成为鱼鳖，全靠上游四十里几道坚固的长堤，和一个高及数丈的砖砌大城。常德沿河有四个城门，计西门、上南门、中南门、下南门。城门外有一条延长数里的长街，上边一点是年有百十万担'湖莲'的加工转口站。"

这条长街是沈从文那数个月常常闲逛的地方。

当时沈从文和表兄黄玉书就住在长街边上的一个叫作"平安小客栈"的旅馆里，吃住一天三毛六分钱。但需要五天一结账。那时候，沈从文和黄玉书都没有工作，于是欠债是常有的事情。每到结账的时候，两个人都开始犯难，要想好各种借口才能应付老板娘的问询。有时候，干脆逃到外面去，不在小客栈里吃饭。

好在客栈老板有一个十六七岁的养女，大抵是看上了黄玉书，三天两头地到他们房间里，让黄玉书帮着看她即将要做的鞋子上的花样，或者是即将要绣的裙子上的花样，黄玉书学美术出身嘛，三言两语打发她走后，那女孩总会留下几块白糖发糕或者芙蓉酥。这在当时帮了他们的大忙，以至于到结账那两天，两个人可以靠零食充饥，而躲开老板娘的问询。

可是，躲得过初一躲不了十五，不两天，老板便亲自上门来催账了，他的记账本油腻腻的，上面写满了沈从文和黄玉书的名字。两个年轻人开始对着那账本吹牛，黄玉书笑着说："我以为欠了十万八千，这几个钱算什么。"说完，怕那老板不信，黄玉书又对着沈从文求证："老弟，我昨天发的那个催款急电，你亲眼看见，不是迟早三五天就会有款来了吗？"沈从文赶忙补话，将老板哄走后，两个人闷在房间里想对策。黄玉书一脸暗淡地说，我听说在法国巴黎，如果欠了老板的钱就要娶了老板的女儿还债。

既然钱不够用，又都不愿意卖身还债，哈哈，还是想着溜掉吧。两个人本来已经找好了退路，是一个从日本留学回来的老乡，叫作向英生，和贺龙熟悉，介绍黄玉书和沈从文到桃源县贺龙那里就职，黄玉书一个月可以有十三块，而沈从文也可以拿九块。

正是这时候，黄玉书认识了同样来自凤凰的姑娘杨光惠。于是，两个人决定不溜了，去掉三滴水，留下了。

沈从文陪着黄玉书谈恋爱，主要工作是给他和那姑娘把风。黄玉书到杨光惠的学校去找她，一边弹琴一边谈情，倒也风花雪月得很。只是苦了沈从文，在门口看着门，一看到学校的校长老太太来了，连忙跑进来给他们通风报信。

值得一提的是，这位女校的校长是丁玲的母亲，后来，沈从文送丁玲母子回常德，应该又一次见她。而此时，沈从文和丁玲并不相识。

老太太到礼堂里查看的时候，会看到杨小姐在弹风琴，沈从文和黄玉书在旁边看着。那老太太便会笑着说，你们弹琴弹得真不错。

沈从文每一次听，都听成“你们谈情谈得真不错”，是啊，两个男的，一个女的，在外人看来，这算怎么回事啊。

回到客栈里，黄玉书便让沈从文代他写情书。写完了呢，还要沈从文念出来听，这些情书想来也不会有过于隐私的词语，不然，如此坦然地朗读，该有多滑稽。沈从文念完了呢，黄玉书便竖起大拇指赞美他，说：“老弟，妙，妙，措辞得体，合式，有分寸，不卑不亢。真可以上报。”

他的意思是，可以在报纸上发表。

这样有意无意的提醒，也是促使沈从文走上文学创作道路的动因。

好玩的是，除了黄玉书赞美沈从文的文采，那杨光惠小姐也格外喜欢这情书，有几次，茶房无人帮黄玉书转送情书，沈从文代送。杨光惠拉着沈从文说她喜欢黄玉书的信。沈从文暗暗自喜，却又不能说破。

在《一个传奇的本事》这篇文字里，沈从文这样记录当时的感受："有时茶房借故事忙，还得我代为传书递柬。那女教员有几次还和我讨论到表哥的文才，我只好支吾过去，回客栈谈起这件事，表兄却一面大笑一面肯定地说：'老弟，你看，我不是说可以上报吗？'"

沈从文共给黄玉书代写了三十多封情书，这些情书不知到了何处。但可以肯定的是，这些情书的署名，均是黄玉书，而且，多数情感和细节，以及对杨小姐的期待和盼望，都属于黄玉书。沈从文不过是一个整理者，用自己的造句习惯，将黄玉书的感情和心事表达出来。这不正是文学创作吗？

两个人欠小客栈的钱越来越多，由一开始住带天窗的房间，最后搬到了厕所隔壁一间特别小的房间，那时正值冬天，沈从文感到格外的寒冷。而黄玉书的幸福，又常常刺激到他想起自己的初恋失意。于是，他决定逃离常德。

终于有一天，有一个戴水獭皮帽子的朋友，是沈从文大哥的朋友，沈从文也很熟悉，他呢，负责押运一船棉军服到保靖，于是沈从文，还有另外一个表弟，三个人一起，坐船去了保靖。

沈从文代写情书的岁月便结束了。好在，黄玉书和杨光惠后来结婚，不久，便有了儿子黄永玉。而一九四八年，黄永玉在北京要开一个木刻展览，让沈从文写一个推荐文章。他便写了一篇追忆黄永玉父母亲谈恋爱的文章出来。

之四　启蒙史

尽管十几岁当兵时，见过那个从墓地里挖出女尸进行奸尸的畸形人。

可是，当时的沈从文对感情并没有任何梳理，他的记忆还停在孩子的味觉或者感觉上，更在意的是玩乐和吃食。对于感情的事，在遇到初恋之前，他是空白的。

然而写过一阵子情书之后，他的情商仿佛得到了很大的提高，但这种提高也仅限于花朵琴声月光誓言的朦胧。真正对于男人和女人的身体的理解，则是受到一位戴水獭皮帽子的朋友的启蒙。

这个人叫曾芹轩，是沈从文的大哥沈云麓的朋友。

在《船上》一文中，沈从文这样写曾芹轩："这曾姓朋友读书不多，办事却十分在行，军人风味的勇敢、爽直，正如一般镇筸人的通性，因此说到任何故事时，也一例能使人神往意移。他那时年纪不会过二十五岁，却已经赏玩了四十名左右的年青黄花女。他说到这点经验时，从不显出一分自负的神气，他说这是他的命运，是机缘的凑巧。从他口中说出的每个女子，皆仿佛各有一份不同的个性，他却只用几句最得体最风趣的言语描出。我到后来写过许多小说，描写到某种不为人所齿及的年轻女子的轮廓，不至于失去她当然的点线，说得对，说得准确，就多数得力于这个朋友的叙述。一切粗俗的话语，在一个直爽的人口中说来，却常常是妩媚的。这朋友最爱说的就是粗野话，在我作品中，关于丰富的俗语与双关比譬言语的应用，从他口中学来的也不少。”

这位好玩的曾姓朋友，除了有艳俗的故事之外，为人还颇多侠气，上岸后不久，便和一个醉酒的人打了一架。为此，三个人还做了各种准备，预防别人来寻仇。那种种经历，在沈从文离开常德去保靖的船上，成了以后难以忘怀的事。

抵保靖以后，沈从文没有工作，跟着表弟吃闲饭。直到后来有机会帮着抄写一些并不重要的训令和告示，却因为毛笔字好看，而被一个高级参谋看中，给了他一份一个月四块钱工钱的司书。再后来，又加了两块。

沈从文参加的贺龙的部队所属的统领官是陈渠珍，也是凤凰人。然而，他为了支开贺龙，在一九二二年的春天，将贺龙所率领的二支队打发到四川，去参加讨伐吴佩孚。于是沈从文跟随部队入川。

从湘西入川，要过茶峒，那里的景致让沈从文印象深刻，于是便有了他最为著名的小说《边城》。

为什么要去四川呢？在《一个大王》里，沈从文也交代了缘由，一是一个月可以得九块钱，比当时的一个月六块钱整整多了三分之一的报酬，这是诱人元素。再一个呢，“至于女人呢，仿《疑雨集》写艳体诗情形已成过去了，我再不觉得女人有什么意思。我那时所需要的似乎只是上司方面认识我的长处，我总以为我有分长处，待培养，待开发，待成熟。另外，还有一个秘密理由，就是我很想看看巫峡。”

情感受过的伤让他对女人生出了恨意，已经觉得没有什么意思了，这显然是青春期的一种自欺，却也坦率可爱。

沈从文入川的行李清单如下：“我那包袱中的产业计旧棉袄一件，旧夹袄一件，手巾一条，夹裤一条，值一块二毛钱的丝袜子一双，青毛细呢的响皮底鞋子一双，白大布单衣裤一套。另外还有一本值六块钱的《云麾碑》，值五块钱褚遂良的《圣教序》，值两块钱的《兰亭序》，值五块钱的《虞世南夫子庙堂碑》，还有一部《李义山诗集》。”

说到底，还是没有舍得扔掉李义山的诗集，当年写情诗，也全靠抄李商隐的朦胧诗啊。

在四川，沈从文结识了曾经做过山大王的刘云亭。刘云亭复杂而传奇的故事，对他又一次进行了情感的启蒙。让他知道，爱情，除了自己被骗的一种，表哥黄玉书风花雪月的一种，曾芹轩风流快活的一种，还有刘云亭这荡气回肠的一种。

刘云亭本是一个老实胆小的农民，没有来由地，被一群外来的军人当作土匪给抓了起来，要枪决，运气好，竟然逃了命。一生气，果真上山做了土匪。这下可好，他开始杀人。在《一个大王》里，沈从文这样描述他：“这人自己用两只手毙过两百个左右的敌人，却曾经有过十七位押寨夫人。”这人胆子大，仗义。如何胆子大呢？比如大冬天里，有人打赌没有人敢下水游泳，因为会被冻死的。他二话不说，脱了衣服就跳进河里。又或者有人赌扑克被人骗了钱财，找他求助，他也是径直帮忙，将钱要回给被骗的人。

凑巧的是，他有一次生命危险，被沈从文所在部队的司令官救了，从此开始随着司令官当差弁头目，大抵相当于警卫排长，忠诚之极。

这个弁目喝过酒或者吃过饭以后，常常给沈从文讲他自己的故事，他的故事让沈从文叹为观止："从他口上知道烧房子、杀人……种种犯罪的纪录，且从他那种爽直说明中了解那些行为背后所隐伏的生命意识。我从他那儿明白所谓罪恶，且知道这些罪恶如何为社会所不容，却也如何培养着这个坚实强悍的灵魂。"

沈从文所住的河对岸，便驻扎着川军，有一天，沈从文听说了河对岸的一个庙里关押着一个绝色的女犯。这女犯虽然生得好看，却是个土匪的头目，为人十分强悍。这奇女子被士兵们传来传去，让沈从文听了总觉得是个传奇。

他自然想去看看，没有想到，刘云亭早已经和这个女人勾搭上了。刘云亭甚至想通过关系，保她出来，然后和她一起占山为王。

有一天，刘云亭叫了沈从文一起，去河对岸的监狱里见那个女人。沈从文这样写她："妇人回过身来，因为灯光黯淡了一点，只见着一张白白的脸儿，一对大大的眼睛。她见着我后，才站起身走过我们这边来。逼近身时，隔了栅栏望去，那妇人身材才真使我大吃一惊！妇人不算得是怎样稀罕的美人，但那副眉眼，那副身段，那么停匀合度，可真不是常见的家伙。"

刘云亭见过那女犯后，当天晚上便宿在了那女人处，独让沈从文一人回去驻地。然而，他和那女人的事情还是泄露了，这事惹得川军的军官十分恼火，第二天便将那女人砍了。

听到这个消息以后，刘云亭躺在床上不吃不喝七天，近乎虚脱。

七天后，他仿佛将自己的感情债务偿还清楚了一般，吃饱了饭，又来找沈从文，他对沈从文说："兄弟，我运气真不好！幺妹为我死的，我哭了七天，现在好了。"

刘云亭最后仍然是因为女人的事情，被司令官枪毙，但是他为了女人躺在床上七天不吃不喝的事情，对沈从文的震动很大。

刘云亭这样一个草莽都可以为自己喜欢的女人痛哭，绝食，沈从文有什么不可以，如果遇到了，他也一定会这样的。

几年以后，他果然遇到了一个让他痛哭伤心的人。

第二辑

北漂时代：练习史

之一　后五四青年

为什么去北京呢？一个湘西的乡下人，到省城长沙不好吗？如果只是图上进，一九二二年十一月，回到湘西后的沈从文得到了陈渠珍的赏识，就在陈渠珍的身边好好干，以后上个军校，做个军官不好吗？

一九二三年，陈渠珍办了一家报馆，沈从文被调过去任校对。

在这个报馆，沈从文认识了一个对他一生都有着重要转折意义的人物，和他同房间居住的印刷厂工头赵奎武（金介甫曾写作赵龟武）。沈从文在《一个转机》里，这样写他："这印刷工人倒是个有趣味的人物。脸庞眼睛全是圆的，身个儿长长的，具有一点青年挺拔的气度。虽只是个工人，却因为在长沙地方得风气之先，由于'五四'运动的影响，成了个进步工人。他买了好些新书新杂志，削了几块白木板子，用钉子钉到墙上去，就把这些古怪东西放在上面。我从司令部搬来的字帖同诗集，却把它们放到方桌上。我们同在一个房里睡觉，同在一盏灯下做事，他看他新书时我就看我的旧书。他把印刷纸稿拿去同几个别的工人排好印出样张时，我就好好的来校对。到后自然而然我们就熟习了。我们一熟习，我那好向人发问的乡巴佬脾气，有机会时，必不放过那点机会。”

沈从文这里所说的新书新杂志，便是指赵奎武订的《改造》《超人》《新潮》《创造周报》等等一批传递新潮思想的杂志和书籍。

一开始的时候，沈从文并没有被他的新书所吸引，仍然翻着自己的旧书旧帖。可是有时候，两个人聊天，沈从文听着那年轻人的介绍，自己却一无所知，有一种被鄙视的感觉。于是，也拿起了他的书看，他被那个时代的一种新的思想撞击了，仿佛在一瞬间，他突然明白了自己所处的地方是多么的偏僻，自己所经过的人生又是多么的狭窄和寂寞。

他这样写自己的觉悟：“这印刷工人我很感谢他，因为若没有他的一些新书，我虽时时刻刻为人生现象自然现象所神往倾心，却不知道为新的人生智慧光辉而倾心。我从他那儿知道了些新的，正在另一片土地同一日头所照及的地方的人，如何去用他们的脑子，对于目前社会作反复检讨与批判，又如何幻想一个未来社会的标准与轮廓。他们那么热心在人类行为上找寻错误处，发现合理处，我初初注意到时，真发生不少反感！可是，为时不久，我便被这些大小书本征服了。我对于新书投了降，不再看《花间集》，不再写《曹娥碑》，却欢喜看《新潮》《改造》了。”

沈从文一开始的人生理想，大抵是想着在军队里快速升职，多得些酬劳，多获得一些权力。但当他突然被这些新潮的思想启蒙，他有些饥饿感。他觉得自己的思想被洗了，他开始懂得知识和智慧原来有这么宽阔的世界，理解了人不单纯只有个体的得失，还有为他者而思想的乐趣。

他渐渐地有了融入一种新潮思想的意识，有了想要重新做人的欲望。他的思考也越来越深远：“知识同权力相比，我愿意得到智慧，放下权力。我明白人活到社会里，应当有许多事情可作，应当为现在的别人去设想，为未来的人类去设想，应当如何去思索生活，且应当如何去为大多数人牺牲，为自己一点点理想受苦，不能随便马虎过日子，不能委屈过日子。”

不仅有了这原初的“公民意识”，沈从文还做了一件具有公共意识的事情呢。一九二三年二月，沈从文看到上海《民国日报》的新闻，说有人捐款助学，他自己也将攒了十天的薪水捐给了报社，让报社转给“工读团”，署名的时候，故意留了个“隐名兵士”。这种对公共生活的参与，都如实呈现了被新思想影响的沈从文已经不再是一个没有见识的乡下人了，他有了对最为先进的文化的理解力和参与的愿望。

一九二三年六月，沈从文得了一场大病，自传里说是热病，症状如下：“在高热糊涂中任何食物不入口，头痛得像斧劈，鼻血一碗一摊地流。我支持了四十天，感谢一切过去的生活，造就我这个结实的体魄，没有被这场大病把生命取去。”

然而，在这四十天里，细心照顾着沈从文的老同学陆弢，不久后在和人打赌时的一场游泳中溺水，尸体四天才找到。沈从文看着陆弢的尸体，忽然对活着的意义产生了疑问，觉得生命无常，趁着活着，不如做一些自己想做的事情。他想到自己之前的那场大病，想着若是自己病死了，该有多遗憾，还有很多地方没有去看，很多事情没有去做啊。

他这样写自己去北京的缘由："我想我得进一个学校，去学些我不明白的问题，得向些新地方，去看些听些使我耳目一新的世界。我闷闷沉沉的躺在床上，在水边，在山头，在大厨房同马房，我痴呆想了整四天，谁也不商量，自己很秘密的想了四天。到后得到一个结论了，那么打量着：'好坏我总有一天得死去，多见几个新鲜日头，多过几个新鲜的桥，在一些危险中使尽最后一点气力，咽下最后一口气，比较在这儿病死或无意中为流弹打死，似乎应当有意思些。'"

他将自己这些天的所思所想，给陈渠珍说了，陈渠珍觉得沈从文不俗，在一个偏僻的地方，虽然并没有念过大学，却有着本不属于他这个封闭地域的孩子的开阔，很是支持他，让沈从文一次性支走三个月的薪水，计二十七块大洋，并鼓励沈从文说："你到那儿去看看，能进什么学校，一年两年可以毕业，这里给你寄钱来。情形不合，你想回来，这里仍然有你吃饭的地方。"

这样真好，遇到了一个仗义的上司。也正是由于这样的鼓励，沈从文几乎是欢喜地离开了保靖，他的路线是这样的：从湖南到汉口，从汉口到郑州，从郑州转徐州，从徐州转天津，从天津再到北京，这一路共走了十九天。

到北京的第一天，住在了北京西河沿的一家小客栈里，在登记身份的时候，沈从文这样写：沈从文，年二十岁，学生，湖南凤凰县人。

然而，他的大学梦，始终没有实现。

之二　窘迫记

本来以为，到北京就可以考上大学，半工半读，又加上陈渠珍对他资助的承诺，或许可以在北京城混下去的。

然而，到北京不久，才知道，没有接受新式的系统的教育，他考不上大学。清华学校是留学预科学校，在中国读两年，另外两年在美国读，可是，沈从文连一个英文字母都不会读，自然作罢。他报考了燕京大学二年制的国文班，在湘西的乡下，他长时间阅读的，都是旧式的书籍，没有新式标点的啊。可是，考试的时候，考的全是这些，他一问三不知，考了零分。人家一看他什么都不会，连报名费也没有收他的，退还了他。

这是一九二三年的初秋，大概是九月的事情。他刚刚住进了湘西在京城的办事处酉西会馆。这是晚清旧时的驿站，当年是为了便利入京考进士或者候补知县而准备的宿舍，现在成了湘西籍小公务员来京考试的居所。因为会馆的管事与沈从文有些远亲，便住进了里面最窄狭的一间。房间虽然湿霉且窄小，却是免费的。这让沈从文长出了一口气。因为，当时他的身上，只有七块六毛钱。

关于这段经历，他在不同的文章里都说过。比如在《沈从文全集》第二十七卷里，有一篇在“文革”期间的自我检查报告《我到北京怎么生活怎么学习》里，便说得很清楚。他写道：“首先面临的问题，就是如何活下去。问题十分现实。因为每天总得有一点什么吃的填到胃中去，才能支持。到处去找职业，都没有结果。原来报纸上宣传的‘半工半读’制已经过了时，到报馆去询问就没有回答。只笑笑，意思是‘你这个乡下人，怎么就信以为真，远远跑来冒险？’想卖报，也受报贩限制，各有行帮，不易加入。想到鞋店作学徒，无中无保也无从收留……当时还有些职业补习学校，都近于骗人性质，也得缴一笔讲义费和学费，我哪来这一笔钱？任何职业的大门，都像是对我这个真正乡下人关得紧紧的。”

沈从文的姐姐沈岳鑫和姐夫田真逸当时在北京，但也都是刚刚大学毕业。姐夫田真逸问沈从文：“你来北京做什么？”

沈从文一派天真地答：“我来寻找理想，读点书。”

田真逸差点笑场，用凉水般的话试图浇醒沈从文，他说：“你可知道，北京城目下就有一万大学生，毕业后无事可做，愁眉苦脸不知何以为计。大学教授薪水十折一，只三十六块钱一月，还是打拱作揖联合罢教软硬并用争来的。大小书呆子不是读死书就是读书死，哪有你在乡下做老总有出息？”

沈从文说了他个人的困惑：“我怎么做下去？六年中我眼看在脚边杀了上万无辜平民，除对被杀的和杀人的留下个愚蠢残忍印象，什么都学不到。做官的有不少聪明人，人越聪明也就越纵容愚蠢气质抬头，而自己俨然高高在上，以万物为刍狗……这种腐烂是有传染性的，于是大小军官就相互传染下去，越来越堕落，越变越坏。

你可想得到，一个机关三百职员，有一百五十支烟枪，是个什么光景？我实在待不下了，才跑出来。我想来读点书，半工半读，读好书救救国家，这个国家这么下去实在要不得。”

沈从文把在乡下看《新潮》杂志所学到的一些新词，全都用了，还真是，正嘲笑他的姐夫，突然被他的某种天真打动。半开玩笑地对他说：“好，好，你来得好。人家带了弓箭药弩入山中猎取虎豹，你倒赤手空拳带了一脑子不切实际的幻想来北京城做这份买卖。你这个古怪乡下人，胆气真好。凭你这点胆气，就有资格在北京住下，学习一切经验一切了。可是，我得告你，既为信仰而来，千万不要把信仰失去。因为除了它，你什么也没有。”

的确，当时的沈从文，除了满腔热情和贫穷，什么都没有。

一开始，和沈从文同住的，还有同乡满叔远，两个人在一起四个月，一起等着会馆放早餐，两个每天早餐都是分吃七个烧饼，就着开水，吃了以后，便跑去京师图书馆分馆看书，因为那里暖和。如果图书馆关门了呢，就只能躺在被窝里。

四个月以后，满叔远受不了京城的苦，回老家了。而沈从文怀揣着信仰，所以，坚持了下来。

而窘迫也接踵而至，先是陈渠珍的资助没有了，因为陈渠珍在湘西的地位发生了变化，其次是，舅父黄镜铭一直在帮着熊希龄搞香山慈幼院的建设工作，还没有完工，一时间也帮助不了他。

在酉西会馆住了半年后，沈从文在农大上学的表弟黄村生的帮助下，搬到了西城的庆华公寓。他的窘迫史才刚刚打开，他这样写这一段苦难："先是在一个小公寓湿霉霉的房间，零下十二度的寒气中，学习不用火炉过冬的耐寒力。再其次是三天两天不吃东西，学习空空洞洞腹中的耐饥力。再其次是从饥寒交迫无望无助状况中，学习进图书馆自行摸索的阅读力。再其次是起始用一支笔，无日无夜写下去，把所有作品寄给各报章杂志，在毫无结果等待中，学习对于工作失败的抵抗力与适应力。"

乞讨？也不是没有想过，只是在北京，乞讨也是一个街道一个街道被分配好了的，外来的人也没有机会乞讨。

二十世纪八十年代，沈从文到湘西吉首大学做了一次演讲，专门讲到了他在北京的种种不堪，有一段回忆是这样的："当时，有机会让我学写文章，我也就学起来，实际上，困难多，有时候也实在没有出路，吃饭也成问题。北京当时什么奉系直系军阀，一个排长什么的，在枪口上插个'招兵委员'的旗子，我也跟着他们后头跑，走到天桥杂耍棚那边，到旅馆了，要按手印，发伙食费时，我又溜了，有好几回是这样。"

也就是说，从部队里逃出，因为饥饿问题，沈从文差一点就又逃回到部队里去了。

投出去的稿子，总是没有音信。后来，沈从文也考上了一所大学，是中法大学，但是学费要二十八块大洋，沈从文交不起学费，放弃了。

不仅仅是学费交不起，后来，连投稿的邮费也没有了。他发表在《晨报副刊》的第一篇文章叫作《一封未曾付邮的信》，如实地记录了，房东逼债，他求房东帮他向外面寄稿件，房东不垫付邮资，而伤害了他自尊的小品文。

当时，中国最为著名的副刊编辑孙伏园曾经接到过沈从文的投稿，他将沈从文的稿件揉成一个纸团，丢进了废纸篓里，嘲笑着说，这是某某大作家的作品。

这个坊间的故事不知如何传播出来的，但是，孙伏园并不欣赏沈从文的作品，这大概应该是有依据的。又或者，孙伏园对沈从文这种从乡下来到京城，一无留学背景，二无显赫的家世，却想着靠写作出名的理想有着轻视。

在北京居住了一年后，沈从文几乎没有发表出文章。除了旁听了北大的一些课，认识了董秋斯、韦丛芜、焦菊隐等，董秋斯是他姐夫的同学，曾经当掉自己的一件西服给沈从文买了一双鞋子。同时，因为表弟黄村生的关系，他也认识了一大帮农大的学生，他常去农大的表弟那里蹭饭吃，因为农业大学有自己的试验田，有一些免费可以吃的瓜果蔬菜供应。沈从文有时候在黄村生那里一住就是十天半个月。

当生存都出现严重危机的时候，尊严，信仰，这些虚无的大词都是模糊的。有一阵子，沈从文不再写投稿信，而是开始给一些写文章的人写求助信，诉说自己的理想和贫困的现状。相信，那些收到沈从文信件的名人不止一个。

然而，看到信以后，马上去找了沈从文的，却只有一个：郁达夫先生。他刚从安庆法政大学到北京不久，当时在北京大学教统计学。

在那样寒冷的冬天，同样孤独的郁达夫，用一封近乎同情和嘲讽的信件，开启了沈从文的文学之门。

之三　第一个贵人：郁达夫

一九二四年十一月十二日上午，小雪，郁达夫敲开了庆华公寓沈从文的小房间，他收到了沈从文的信，沿着那信封的地址来寻，他不知道自己是哪一根心思动了，大概是想验证一下沈从文是不是真如他信里描述得那般刻苦，又或者是想看一下藏在沈从文身上的自己。

见过沈从文之后，在回北大的车上，郁达夫泪流满面。让他感伤的是，一种非虚构的生活的沉重，又或者人世间又多了一个如他般孤独的文学青年。

这种复杂的感情纠结着他，他有些厌倦自己忽然生出的这感同身受。一方面，他觉得像沈从文这样的被某种弱智的理想冲昏了头的青年不可能在北京城生存下去的。是啊，仅温饱问题这一项，就会让他慢慢放弃他最初的理想。写作，凭什么啊，连份工作都没有，连最基本的大学学历也没有。偌大的京城，怎么可能会给他机会，这真是一个可笑又荒唐的问题。另一方面，他又想到了当年的自己，一个人在日本的孤独，这种孤独感伴随着的青春岁月，哪一天都和沈从文此刻的心境相类似。

只是自己的家境比沈从文好一些，没有挨饿的经历而已。

将自己的围巾给了沈从文之后，身上突然很冷。是啊，郁达夫一直想攒钱买一个厚外套，可是，因为戒不了烟，所以，开销也格外多了一些。

晚上的时候，睡不着，给沈从文写了一封信，信的内容近乎悲伤。他似乎看透了沈从文接下来是没有出路的。他觉得，文学不能给他出路，然而，他所了解的沈从文似乎并没有其他特长。仅靠着给其他人写信求助，这自然不是长久的办法。

郁达夫当时在北京大学的收入是多少呢，每个月账面上的工资是一百一十七块，可是，实际拿到手的却只有三十四块钱。当时的郁达夫嗜烟酒，每一个月的开销便要二十多块，所以，他的工资，仅仅够他个人花销而已。那天中午，郁达夫请沈从文吃饭，看沈从文吃饭时的样子，知道他已经好久没有吃过饱饭了。那顿饭花了一元七角，郁达夫付五元，将找零的钱也留给了沈从文。

当天晚上，郁达夫给沈从文写的一封公开信里，这样劝沈从文："大学毕业，以后就可以有饭吃，你这一种定理，是哪一本书上翻来的？像你这样一个白脸长身，一无依靠的文学青年，即使将面包和泪吃，勤勤恳恳的在大学窗下住它五六年，难道你拿毕业文凭的那一天，天上就忽而会下起珍珠白米的雨来的么？现在不要说中国全国，就是在北京的一区里头，你且去站在十字街头，看见穿长袍黑马褂或哔叽旧洋服的人，你且试对他们行一个礼，问他们一个人要一个名片来看看，我恐怕你不上半天，就可以积起一大堆的什么学士什么博士来，你若再行一个礼，问一问他们的职业，我恐怕他们都会红红脸说，'兄弟是在这里找事情的。'他们是什么？他们都是大学毕业生，你能和他们一样的有钱读书么？你能和他们一样的有钱买长袍黑马褂哔叽洋服么？即使你也和他们一样的有了读书买衣服的钱，你能保得住你毕业的时候，事情会来找你么？”

这段话是针对沈从文的理想主义来说的，是想以此唤醒天真的沈从文，不要以为在北京上了一所大学就会完全飞黄腾达起来。

为了写信给郁达夫借钱，我相信，沈从文将自己的家境说得十分不堪。不过，当时的沈从文的家庭状况的确也是到了低谷。因为父亲的债务问题，将房子和院落都卖掉了。本来家里还有一千多块的剩余，结果，又因为沈从文的一场恋爱，而被骗走了全部家产。可不就是家庭完全破产的状况了。

本来就抱着不混出个人样不回到湘西的念头来的，所以，越是这种困窘的时候，像沈从文这种多少受了些新思想启蒙的文艺青年，断不会将自己最为窘迫的模样展示给自己家人看的，所以，他不会选择最为落魄的时候回家。

正因为此，他开始四处写求助信，希望遇到像自己一样的人，当年的自己不是也捐助过别人，让那些失学的孩子上学吗？

然而，郁达夫似乎是看穿了沈从文的这些打算。他近乎嘲讽地将沈从文的出路全都否定了，也就是说，在他的判断里，如果沈从文继续在北京的话，可能只能有两种活路了，一是当兵，二是去偷。大概沈从文并没有给他讲过自己曾经当过兵的这一段历史，因为毕竟上午的会面也不过是一顿饭的时间，沈从文无法向一个陌生人讲述太多的个人史。所以，郁达夫所开出的药方里，第一个就是让他去天桥那里当兵。

沈从文呢，不是没有想过，但每每想到姐夫那句“你除了信仰，什么也没有”这句话，便咬咬牙，又回到了他的小公寓。继续挨饿受冻着写作。

郁达夫在劝沈从文当小偷这件事情上可谓是费尽了心神，连偷盗的对象都替他想好了。比如，他想到了熊希龄，这大概是一起吃饭时，他问沈从文在北京认识什么样的人时，沈从文告诉他的。他在公开信里这样写道：“第二，这才是真正的下策了！你现在不是只愁没有地方住没有地方吃饭而又苦于没有勇气自杀么？你没有能力做土匪，没有能力拉洋车，是我今天早晨在你公寓里第一眼看见你的时候，已经晓得的。但是有一件事情，我想你还能胜任的，要干的时候一定是干得到的。这是什么事情呢？啊啊，我真不愿意说出来——我并不是怕人家对我提起诉讼，说我在嗾使你做贼，啊呀，不愿意说倒说出来了，做贼，做贼，不错，我所说的这件事情就是叫你去偷窃呀！无论什么人的无论什么东西，只教你偷得着，尽管偷罢！……万一发觉了呢？也没有什么。第一你坐坐监牢，房钱总可以不付了。第二监狱里的饭，虽然没有今天中午我请你的那家馆子里的那么好，但是饭钱可以不付的。……你若要实行上举的第二下策，最好是从亲近的熟人方面做起。譬如你那位同乡的亲戚老H家里，你可以先去试一试看。因为他的那些堆积在那里的财富，不过是方法手段不同罢了，实际上也是和你一样的偷来抢来的。你若再慑于他的慈和的笑里的尖刀，不敢去向他先试，那么不妨上我这里来做个破题儿试试。我晚上卧房的门常是不关，进去很便。不过有一个缺点，就是我这里没有什么值钱的物事。但是我有几本旧书，却很可以卖几个钱。你若来时，最好是预先通知我一下，我好多服一剂催眠药，早些睡下，因为近来身体不好，晚上老要失眠，怕与你的行动不便。还有一句话——你若来时，心肠应该要练得硬一点，不要因为是我的书的原因，致使你没有偷成，就放声大哭起来——”

这封公开信发表在三天后的《晨报副刊》上。虽然郁达夫并没有在这封公开信里揭晓沈从文的名字，但是，在猜测中，渐渐地，还是有一部分文学圈子里的人，知道了有一个叫沈从文的湘西人，无学历，无工作，单纯地热爱写作。

在郁达夫的推荐下，一九二四年十二月二十二日，沈从文以休芸芸为笔名在《晨报副刊》发表了处女作《一封未曾付邮的信》。在这篇文章里，他写下了他给郁达夫或者其他人求助的内容，大概是这样的：

“我是一个失业人——不，我并不失业，我简直是无业人！我无家，我是浪人——我在十三岁以前就成了一个无家可归的人。过去的六年，我只是这里——那里无目的的流浪。

“我坐在这不可收拾的破烂命运之舟上，竟想不出法去作一次一年以上的固定生活。我成了一张小而无根的浮萍，风是如何吹——风的去处，便是我的去处。湖南——四川——我如今竟又到这死沉沉的沙漠北京了。

“经验告诉我是如何不适于徒坐。我便想法去寻觅相当的工作，我到一些同乡们跟前去陈述我的愿望，我到各小工场去询问，我又各处照这个样子写了好多封信去，表明我的愿望是如何低而易容。可是，总是失望了。生活她正同弃我而去的女人一样，无论我是如何设法去与她接近，到头终于失败。

“一个陌生少年，在这茫茫人海中，更何处去寻找同情与爱？我怀疑：这是我方法的不适当。

“人类的同情，是轮不到我头上了。但我并不怨人们给我的刻薄。我知道，在这个傲扰争逐世界里，别人并不须对他一人负有什么应当必然的义务。

“生活之绳，看看是要把我扼死了！我竟无法去解除。

“我希望在先生面前充一个仆欧。我只要生！我不管如何生活方式都满意！我愿意用我手与脑终日劳作，来换取每日最低限度的生活费。我愿……我请先生为我寻一生活法。

“我以为：‘能用笔写他心，同情于不幸者的人，不会拒绝这样一个小孩子，’这愚陋可笑的见解，增加了我持笔的勇气。

“我的住处是 ××××××，倘若先生回复我这小小愿望时。

“愿先生康健。”

无论如何，这封信写得不卑不亢，声情皆茂，它打动了郁达夫，虽然说，后来，沈从文连邮费也没有，有很多求助信都没有寄出去。可是，有了郁达夫的这一次探望，哪怕说是换来了郁达夫的一次嘲讽，但是，他从万千个流落在北京的青年中被郁达夫找到了，他得救了。不仅仅是生活，还有心灵、精神，也有内心最低落时的一股勇气。

这些，郁达夫都给了他。

之四　性压抑史

饥饿。寒冷。孤独。这是沈从文北漂史的开头部分。几乎，他如实记录下了他的个人史，这些细节中，关于身体的寂寞也多有涉及。

一九二五年元月底，沈从文的散文《公寓中》发表在《晨报副刊》上，他写了自己的羞耻感：手淫。他觉得自己是一个不道德的人，但又控制不了自己丛生的欲望。他感觉自己得了一种病，这病羞于向别人启齿，他个人还没有足够的情商来处理好自己对手淫的认知，他这样写道："别人用亲热态度问我：你是什么病，起什么病态？我总是支吾其词，不爽爽快快地说一声：性的不道德——手淫！我不是怕人笑骂我不道德或别的更冷酷更难堪的话语，实在是因这病太令我伤心了。在每次强烈的伤心刺激以后，我的病便发作了（有个时候我还很能用良心来负责，表示这是自杀的一种方法）。照例兴奋后的疲惫，又拿流不尽竭的热泪来忏悔，啊！啊！五尺之躯，已是这般消磨了！我不觉到这是罪恶与污秽，道德于我已失了效力。"

除了手淫，性梦也是做了的。在《公寓中》，沈从文做了一个与性有关的梦，他梦到自己的兜里有四块钱零二十九个铜板，但是，他需要买一块毛巾，所以，只能付给妓院的老鸨三块钱，在梦里，他对着老鸨说，我付三块钱，只想亲一下那个女孩。那老鸨像是早就看穿了他的意图，不相信他花三块钱只想亲个嘴，肯定还有其他阴谋。这下可把沈从文急死了，可是，只是着急，却又不知该如何应付这场景。是啊，没有经历过这种风月场上的事，只能是生气地将兜里的钱一把扔过去。

可是，就在他要去亲吻那个女孩子的时候，梦醒了，一切都不见了。

寂寞也不尽是些坏处，比如，勤奋的沈从文一边去大学里做旁听生，一边模仿着一些作家写一些习作。《狂人书简》，显然是比照着鲁迅先生的《狂人日记》。

一九二五年三月十日这一天，《京报》专刊《民众文艺》的编辑胡崇轩和项拙一起来到了沈从文的公寓里，给他带了他刚刚发表的作品《狂人书简》的样报。三个热爱文学却同样生活窘迫的年轻人一见如故。当时的沈从文正在思想着去改行，做一个赚钱的营生，然后再回过头来写作，但是，胡崇轩的鼓励给了他写下去的勇气。当天，他便将《狂人书简》的另外几篇给了胡崇轩。

《狂人书简》共有九封信。这些信是给谁写的呢？作为文学创作，自然收件人多有虚构。虽然沈从文的个人经历有些传奇，但他大多是路过别人的生活。真正融入别人的生活里，不过是那么两次，一次是被骗的爱情，一次呢，是和表哥黄玉书的那一段代写情书的日子。

所以，很容易就能看出，《狂人书简》里的信，有些内容是写给他自己的，而有些内容是写给那个初恋马泽蕙的。那个初恋虽然骗了他一千块大洋，但毕竟给了沈从文身体的启蒙，她让沈从文从此有了情欲，有了手淫的对象。在《狂人书简》里，《给小栗》这一段，大概也是他幻想出来的一个女人，但和他的初恋对象马泽蕙不无关系。

沈从文几乎是在写他手淫过后的呓语："啊！姐！你恕我，我又污辱你灵魂一次了！我只能用眼泪向你来忏悔。你，在我清醒时，我相信是神，我相信你是真理：你的骄傲，你的庄重，我除了跪到你的脚下让你践踏外，哪里还敢多看你一眼？但是，梦里，——可怜的孩子唯一安慰的梦里，恍惚中，你却向我倩笑，……茫然：只能有过后的忏悔了！我的忏悔词是：梦啊，你下次给我见到伊时，你禁止我不得这样野蛮。不然我又……"

小栗这个名字，总让人想到湘西的树木，其实，这封信，我多次怀疑是他曾经替黄玉书写过的情书里的一封。因为，沈从文曾经给这个叫杨光惠的表嫂写过三十多通情书，如果哪一封信上的内容他印象深刻，拿过来也说不定。

但不论如何，在这样的信件里，我们可以读得出，一个孤独的人在城市里的感情生态。

胡崇轩来拜访沈从文后不几天，沈从文便认识了他的女友，丁玲。丁玲又一次让沈从文回到了自己的记忆里。因为丁玲的母亲竟然就是黄玉书女友杨光惠所在的学校的校长。甚至，杨光惠，也是丁玲认识的好友。

一下子，沈从文便想起了代写的那三十多通情书，以及那些情书里夹杂的旧诗，而这些旧诗的缘头，竟然是为了讨好一个叫马泽蕙的人。

自然，沈从文又一次回到了感情生活的原点。他在一个悲情的角色里反复寻找着自己的台词，他因此变得敏感，自卑，甚而压抑。

更让他难过的是，公寓房间的隔音效果不好，时常地，就会听到隔壁房间里一对小情侣亲热的台词，虽然那些情话模糊、断续。

但是，只要进入沈从文的耳朵里，便成了一段又一段的寂寞，甚至是一只又一只虫子，在夜晚的时候，这些虫子将沈从文咬醒，他开始幻想着心里喜欢的女人的模样手淫。

之后呢，他写下了这些真实又贴着自己身体的故事，他有一个小说，叫作《重君》，一九二六年四月七日，发表在《晨报副刊》上，就是对自己性压抑的记录。文字成为他发泄情感的方式。文字也是他的恋人，是他深夜时寂寞的出口。

第三辑

顾问官

之一　和鲁迅的误会

沈从文曾是鲁迅的崇拜者，这一点从沈从文先生早期的文章标题，或可窥测一二。他的《狂人书简》，看起来，更像是《狂人日记》风行之后的一种仿制。

除了给郁达夫写过求助信之外，沈从文似乎给其他名人也写过求助信，比如周作人。荆有麟在回忆丁玲时曾这样写过："在鲁迅先生说过这话以后的次一天晚上，孙伏园就来报告消息了，说：岂明（周作人）先生那里也有同样的一封信，而且笔迹很像休芸芸。"

而沈从文是否给鲁迅先生写过求助信，则不能确定，据目前所看到的信件、日记及回忆文字来说，没有人肯定地说他给鲁迅先生写过求助信。但丁玲女士给鲁迅先生的一封信，却让鲁迅和沈从文一生交恶。这实在是一个文坛上的小缺憾。

鲁迅先生在一九二五年四月三十日的日记里特记下"得丁玲信"，而在《鲁迅先生于我》这篇回忆文章里，丁玲仔细写了她给鲁迅先生写信的经历："这时，有一个从法国勤工俭学回来的学生教我法文，劝我去法国。他说只要筹划二百元旅费，到巴黎以后，他能助我找到职业。我同意了。可是朋友们都不赞成，她们说这个人的历史、人品，大家都不清楚，跟着他去，前途渺茫，万一沦落异邦，不懂语言，又不认识别的人，实在危险。我母亲一向都是赞助我的，这次也不同意。为了寻找职业，我从报纸的广告栏内，看到一个在香港等地经商的人征求秘书，工资虽然只有二十元，却可以免费去上海、广州、香港。我又心动了。可是朋友们更加反对，说这可能是一个骗子，甚至是一个人贩子。我还不相信，世界就果真像朋友们说的那样，什么地方都满生荆棘，遍设陷阱，我只能在友情的怀抱中走进大学的一条路吗？不，我想去试一试。可是母亲来信了，不同意我去当这个秘书，认为这是无益的冒险，我自然又打消了这个念头。可是，我怎样办呢？我的人生道路，我这一生总得做一番事业嘛！我的生活道路，我将以何为生呢？我实在苦闷极了！我想来想去，只有求助于我深信指引着我的鲁迅先生，我相信他会对我伸出手的。于是我带着无边的勇气和希望，给鲁迅先生写了一封信，把我的境遇和我的困惑都仔仔细细坦白详尽地陈述了一番。”

然而，两周之后，焦虑的丁玲并没有得到鲁迅先生的回信，丁玲很绝望。

在此之前，丁玲已经在长沙和上海闯荡了一番世界。

沈从文在《记丁玲》一文的开头部分，也用了几近过度的篇幅介绍丁玲到北京之前的状况，先是去长沙读书，然而不久便被上海的一种半工半读的风气吸引。到了上海呢，倒是认识了一群名流，瞿秋白、邵力子、陈独秀、李达、陈望道等等。这倒是一个爱情的福利，于是，一起前去的王剑虹和瞿秋白好上了，这打开了丁玲的情商。然而，不久后，丁玲三个女伴中的，一个害热病早逝，一个提前回了湖南，只剩下这王剑虹和她二人，两个在南京又大肆玩了多天，直到经济上困顿，又找不到工作。甚至，同乡们看她们两个打扮得像妓女，还联合起来抗议她们，要求她们离开南京。

正是在这样的情景下，王剑虹回到了上海，丁玲到了北京，准备报考美术学院。然而，丁玲并没有考上，所以，前途迷茫的她给鲁迅先生写了一信。

其实，这信若是早一些写，或者命运可能会改变。比如，在一九二五年三月十一日之前写，哈，这样说，多少有些荒唐。因为，一九二五年三月十一日这天晚上，鲁迅先生收到了许广平的第一封信。到了四月三十日这天，鲁迅和许广平已经进行到了爱情的初期试验了，他正一门心思地应付着许广平这样一个有着迷茫症状的病人，无暇他顾啊。所以，丁玲的绝望几乎也和鲁迅先生的恋爱有关。

包括鲁迅对沈从文的误解，或多或少的，都和鲁迅先生的这场恋爱有关。

通常，恋爱中的人，精力都会放在自己珍惜的事情上，视野会变窄，其他的事情，便不再认真细究。比如，丁玲的这封求助信，他便觉得孙伏园的话有依据。既然是这样，信自然是不回的了。可是，事有凑巧，丁玲写完求助信后不久，便认识了在《京报》副刊《民众文艺》做编辑的胡也频，而胡也频对丁玲几乎是一见钟情。没过两天，胡也频去探望刚刚认识的沈从文时，也带了正无所事事的丁玲一同前去。

想不到，丁玲和沈从文的共同语言挺多，不只是丁玲老家安福县的家里，沈从文的哥哥当兵的时候去住过。而沈从文的表哥黄玉书喜欢上的那个女孩杨光惠，竟然也是丁玲的朋友。还有，天天碰面的那个校长，竟然是丁玲的母亲。这可真是有缘。

胡也频领着丁玲从沈从文那里出来没有两天，丁玲有急事回了湖南。

丁玲在回忆鲁迅先生的文字里是这样解释的：“这时王剑虹的父亲王勃山老先生邀我和他一路回湖南。他是参加纪念孙中山先生的会来北京的，现在准备回去。他说东北军正在进关，如不快走，怕以后不好走，南北是否会打仗也说不定。在北京我本来无事可做，没有入学，那个私人画室也不去了。唯一能系留我的只有鲁迅先生的一封回信，然而，这只给我失望和苦恼。我还住在北京干什么呢？母亲已经快一年没有见到我了，正为我一会儿要去法国，一会儿要当秘书而很不放心呢。那么，我随他归去吧，他是王剑虹的父亲，也等于是我的父亲，就随他归去吧。”

这以后不久，胡也频就开始到处找丁玲。大概是这个时间，他自制了一张丁玲弟弟的名片，来找过鲁迅先生。我甚至曾猜测过，胡也频是想从鲁迅先生这里探出丁玲都写了什么内容，是不是可以通过这封信，他能获取到丁玲的缺失，他好去做补救的工作，打动丁玲。

然而，鲁迅正在生气沈从文用一个假名字来欺骗自己，现在，发现沈从文竟然还要编出来一个弟弟来证明丁玲是真的，所以，更生气了。

他在一九二五年七月二十日给钱玄同的信里，这样写："且夫'琴琴阿文'，确尚无偷文如欧阳公这恶德，而文章亦较为能做做者也。然而敝座之所以恶之者，因其用一女人之名，以细如蚊虫之字，写信给我，被我察觉出为阿文手笔，则又有一人扮作该女人之弟来访，以证明实有其人。然而亦大有数人'狼狈而为其奸'之概矣。总之此辈之于著作，大抵意在胡乱闹闹，无诚实之意，故我在《莽原》已张起电气网，与欧阳公归于一类也耳矣。"

鲁迅先生的性格多疑，常常惹得他的对手们群起攻击，然而，在丁玲信件的事件上，的确是鲁迅先生自己仅靠身边的人的一句说辞，他就完全相信了。事后，鲁迅先生知道，确有丁玲其人，却又因为沈从文和徐志摩等人走得近，而完全没有机会握手言和。

但是，丁玲的这封信误伤了沈从文之后，鲁迅先生对青年作家的信和要求便再也没有这样误解的事情发生了，包括萧军萧红，更是因为给鲁迅写了一封信从此走上文坛。

鲁迅先生这种对陌生人的信件的重视，不能不说和丁玲的信有关。

之二　爱情顾问

胡也频第一次带丁玲来找沈从文的时候，和丁玲刚认识不久。虽然胡也频对丁玲一见钟情，可是丁玲显然并没有陷入这段感情里。

胡也频和丁玲是怎样认识的呢？是因为和胡也频同一个公寓住的左恭，恰好和丁玲同一个补习班，学习绘画。可是，左恭呢，很快和补习班上一个女同学谈起了恋爱，丁玲有时会和几个女同学一起去左恭的公寓玩，就是在左恭这里认识了胡也频。

丁玲和沈从文第一次见面，因为地域的亲近感，谈了许多的话，临离开的时候，她告诉沈从文自己的住处，邀请他有时间去找她玩。而胡也频则马上截住了丁玲的话，对着沈从文说："晚上去还是明天早上去？要去时来邀我，我带你去。"

这样一说，基本上是向沈从文说明了态度，意思是，你不能单独去找丁玲玩，她是我的女朋友，要找，也一定得我领着你去。

没过两天，胡也频果真来找沈从文，带着沈去找了丁玲玩，一说起丁玲，胡也频那痴情的模样，打动了沈从文，沈从文当时虽然没有恋爱，可是，却已经有了情感的启蒙史，所以，有时候也会被这样美好的感情吸引，也会想到自己的将来。他看着胡也频的发呆的样子，想：“这是不是名为恋爱？这女人会嫁给海军学生（指胡也频）吗？这女人完全不像书上提到的那些爱人样子，海军学生也得爱她吗？”

此时的沈从文对女性虽然有一个两个个案的了解，然而，对大多数女性，他完全是不通的，甚至是陌生的。他的情商还停在最为浅薄的大众层面，他认为：“女子天生就脆弱许多，气量既窄，知识也浅，又怕累，又怕事，动不动就得哭泣，一点小小得意处便沾沾自喜。她们要男人时，只凭方便找一个男人，就从不会自己带着三分危险去挑选自己所要的男人。”

除了大男子主义，沈从文缺少的，是对女人感性的认知。

而丁玲和胡也频的交往一点点填充了沈从文对女性的了解，甚至对感情的了解。因为，胡也频完全把沈从文当成了爱情的顾问官，差不多，所有的事情，都要和他说上一说。

和沈从文从丁玲那里离开以后的某一天，在北京西单闲逛的时候，胡也频和沈从文说起丁玲的孤独有时候是因为她本来有一个弟弟的，后来弟弟死了。

沈从文打趣胡也频说：“要个弟弟多容易！她弟弟死了，你现在不是就正可以做她的弟弟吗？”

沈从文的玩笑话，却正好击中了胡也频刚刚做的事情。胡也频刚刚托人给丁玲送了一束玫瑰花，还留了字条在花束里，上面写：你的一个新弟弟所献。虽然胡也频比丁玲还要大一岁，可是，在丁玲长时间在外面的世界里闯荡，以及从不拘束的性格的比对下，胡也频总觉得丁玲更像一个姐姐。

胡也频给丁玲送了花之后，一直在公寓外面候着她，却久久没有音信。有些小小的沮丧，所以才来找沈从文，想要从这里获得安慰。没有想到，却被沈从文一下拆穿。

于是，胡也频红着脸，打了一下沈从文，逃走。

他这一下逃走没有关系，等着他再次跑到丁玲的公寓寻她的时候，发现，丁玲已经回湖南了。

是的，丁玲陪着王剑虹的父亲回湖南了，正好，她也想母亲了。

而胡也频呢，几乎想都没有多想，跑到同事荆有麟那里借了些钱，便坐了车，跑到了湖南，去寻找丁玲。

荆有麟和胡也频、项拙一样，都在《京报》编那个叫作《民众文艺》的副刊。他是这样回忆的："事有凑巧，过了不到半月，胡崇轩（即也频）忽然跑来找我，要我代他弄一点路费，说他当天要到湖南去。问他什么事，他说：'昨天晚上，在老项（项拙）一个同乡房里吃饭。有一个女的我马上爱上了，高兴得不得了。当时竟喝醉。今天早晨起来，打算去看她，便问老项那位老乡，她住在什么地方。据说：她已于今早搭车回湖南去了。我现在马上赶她去，就搭今天晚上车走。你赶快出去代我活动二十元钱罢！我还要再想办法去。你弄到钱，到老项那里等我。"

这篇回忆丁玲的文字似乎并不严谨，学者李辉也指出，荆有麟的回忆将时间弄错了。

回忆文字，时间错了是常有的事情，哪怕是沈从文自己也是，他写《记丁玲》，就将时间提前了两年。

可以肯定的是，胡也频去湖南追丁玲去了。像丁玲这样一个女孩，模样并不出众十分，虽然性格里有着某些骄傲，但也正由于此，别人对她的欢喜和在意，会更让她觉得自己的价值的证实。她自然不能放过这个证据。

恋爱，就这样开始。

得益于北京大学林宰平和梁启超的推荐，一九二五年八月，沈从文到了熊希龄创办的香山慈幼院任图书管理员。

这年中秋节，沈从文晚饭后外出的习惯，和他幼年时养成的习惯相同，不过是到山上听听虫子的叫声，看看云朵飘来飘去，想想这漫无边际的人生，等到天色已晚，他回到图书馆的时候，才发现他的桌子上有一个留言条："休：你愿意在今天见见两个朋友时，就到碧云寺下边大街 ×× 号来找我们。我们是你熟习的人。"

看字体并没有认出，还要猜测。

他几乎是立即跑出屋去，照着地址去寻，等到那个院子里，他一眼便看到枣树旁正站着的胡也频。

胡也频将沈从文拉到屋子门口，指着屋子里让沈从文猜一下，里面是谁？

沈从文一时间还想不出，以为是有了新人。然而，等走到屋里，沈从文便看到了丁玲。沈从文这样写："里面也似乎在猜着，进去的我也猜着，到后我就在一个门边，见到那个黑黑的圆脸，仍然同半年前在北京城所见到的一样，睁着眼睛望人。这人眼睛虽大，却有新妇模样腼腆的光辉。我望到是那么两个人，又望到只是一张床，心里想：这倒是新鲜事情。就笑着坐到房中那唯一的一张藤椅上了。”

这一天是中秋节，三个人一起出去划了划船，诉说着各自的变化。

沈从文呢，写了不少文章发表，还得到了生平第一个评论，是林宰平写给他的。徐志摩呢，在自由来稿里发表了沈从文的一篇散文《市集》，还专门配发赞美，发表后被读者指出，在别的报纸上发表过了。为此，沈从文还写了一封道歉信给徐志摩，二人从此成为好友。

可以说，这一段时间的沈从文收获是很大的。

三个人谈了天，说了地，就着月光，还各自买了一片糖吃，想着，吃了糖以后，生活也会从此变得甜蜜起来吧。

胡也频和丁玲所住的地方，偏僻，荒芜。好玩的是，两个人万事都自己动手，比如烧火，柴禾要自己劈开。两个新婚的人，只要在一起，做什么都是欢喜的。吃些苦打什么紧呢！

沈从文很是羡慕他们的生活状态，他在《记胡也频》里这样写：“男主人则为一点儿醋同一点儿辣椒，也常常忙匆匆地跑到街口去。到把饭吃过后，一切完事了，还争着到井边去提水，洗碗洗锅子，毫不显得疲倦，这新鲜生活，使两人似乎都十分兴奋。两人皆不觉得还有什么别的更重要的事，比日常生活还有价值。”

这一点，的确对沈从文的触动较大，在他对爱情的理解中，但凡是感情，都是排斥这劳动和油盐酱醋的，没有想到，这两个人，如此生动地将一个琐碎又苦难的日常生活过得加了糖般。

新婚的胡也频和丁玲不写作，不工作，完全沉浸在男女互补的青春日常里，这样的情态也吸引了沈从文，所以，自从一九二五年中秋节过后，沈从文每隔几天，便会到胡也频和丁玲的居所去吃饭。吃完饭呢，就讨论理想，有时候，还幻想着以后的生活，比如每一个月都能挣到三十块大洋的稿酬，又比如，三个人一起办一个周刊。等等。

然而，胡也频和丁玲的生活费时常告急，湖南并不能按时寄来，就只能进城去找救济。

关于这一段，沈从文在《记胡也频》里写得十分有趣："两人有时把最后一撮米用完时，就散步一样，从西山向北京城里走去，找寻朋友为他们设法。从下山的方便——他们都以为很方便的——挟了些不合时季的旧衣，走到西直门内一个当铺的高高柜台下站一会儿，为争持三毛五毛又负气走进第二家柜台下去站，也是这个朋友当时所熟练的事。"

一开始的时候，即使是家里的经济困窘了，两个人也并没有任何不妥的感觉。比如，丁玲收拾了一堆旧衣物，让胡也频到京城里去当掉了。可是，胡也频没走出太远，丁玲便又追上了。她怕胡也频一个人走路太寂寞了。

还有的时候，两个人计划好了，进城找朋友借钱的，可是，走到半路上，一时间风花雪月起来，相看两不厌，忘记了要去借钱的事，听着泉水叮咚声，看着天上的白云，就那样坐着说着情话。还有一次，两个人在黄昏的时候才从京城回来，上山时看到一弯新月，丁玲惊喜着欢呼，月亮太好看了，那么就坐在河边看吧，一看就看了小半夜。

让沈从文更记忆犹新的是，两个人对美好事物的追求，几乎立刻，马上就要去实现的。这种孩子一般的天真，在成年男女这里，只能用浪漫一词来概略。

两个人有了什么样的幸福，照例是要向沈从文展览的，于是，在《记丁玲》里，沈从文这样描述胡也频和丁玲在西山上居住时的浪漫："在香山那一阵，两年青伴侣的生活，有些方面恰比《儒林外史》上的杜家夫妇还潇洒些。天落过了雨，想起卧佛寺后面泉水那时节一定很好，就饭也不吃跑去看一会子泉水。听我说看晚霞应到小团城较好，于是一吃过饭，天空中有霞时，就来回走四里路看晚霞。大家谈到天快亮时流星特别可观，两人也常常半夜里爬起，各披了衣走到院中枣树下看流星。"

最荒唐的是，两个人到城里借钱，借到钱以后，步行回西山，路过圆明园时，两人说，月光下的那些残废宫殿一定有着更幽深的寂寞。于是两个人在半夜的时候钻到了圆明园里，差点儿迷了路。

还有一次，在田野里看凌晨两点多钟的星星，可是，两个人不小心走到了沼泽地里，两个人同时都往下面陷入。可是就是这样，两个人也没有害怕，还是在那里嘻哈着看星星，幸好命不该绝，被一个赶驴的人救下了。

可是，两个人，当着沈从文的面说起这次的惊险时，首先感叹的是那星光的好看。

恋爱起来，看来，人是不怕死的。

沈从文被这两个疯狂的人教育，情商提高了不少。他们两个全程给沈从文演示的恋爱细节，足够沈从文自己去应付几个老实女孩用了。

恋爱中的男女，虽然胆大，却因为注意力只集中在对方身上，朋友便越来越少，在西山居住的时间，这两个人，几乎只和沈从文一个打交道。

所以，在他们经济困窘的时候，还有好多次，没有吃的，两个人就去找沈从文，沈从文在慈幼院，从食堂里拿出一些粗面馒头和咸菜，两个人就美滋滋地吃了。

朋友的钱借完了，衣物也当得差不多了，怎么办呢，只好搬家，住不起租房了，就搬进了京城的汉园公寓。因为这个公寓的老板是个文学爱好者，一些文学青年入住，便可以欠房租。

作为旁观者的沈从文，常有机会听到胡也频和丁玲两个人对对方的抱怨，只要是两个人吵架了，必会有一个人跑到沈从文那里去倾诉。沈从文呢，听完一方的叙述，也就知道了是非和曲直，对两个年轻人在爱情中的幼稚病也多了一层细节的了解。

在这样的叙述和旁观中，沈从文几乎像是一个恋爱的分析师，他差不多拍摄了胡也频和丁玲的众多爱情细节，知道他们动人的内容，也知道他们的分歧。

比如，一开始的时候，丁玲并不写作，不过是胡也频和沈从文的读者，但是，一九二七年秋天，丁玲写作了处女作《梦珂》之后，接下来再发表作品便比胡也频容易得多。这也给原本崇拜着胡也频和沈从文的丁玲一个启发。很多稿子，胡也频写的，发出去，便被退了稿，而丁玲写的，便很抢手。

这种格局的微妙变化，也影响到了两个人的关系。为此，丁玲还很长时间不写东西，试图维护胡也频的写作时间和尊严。

让胡也频内心焦虑的事情，除了贫穷，作品发表不了，还有，丁玲和沈从文的关系过于亲密。是啊，两个人有太多的共同话语了，不仅仅是地域的关系，还有共同认识的人，共同走过的街道，甚至共同悲伤过的一些乡音和民俗。

渐渐地，胡也频似乎不能满足丁玲的感情需要了，身体上的热情迟早会被日常生活淹没，之后呢，沈从文发现，丁玲的寂寞有时候需要找他来说说话，才能排遣。

在《记丁玲》一文中，沈从文这样写：“她虽常在爱情中目眩神迷，却仍然缺少了些东西。她感情中需要一个同伴，来与她享受目前，计划未来，温习过去。海军学生则似乎特别开心目前，对于未来不能有所打算，对于过去毫无兴味可言。因为在那时节，她虽然同这个海军学生住在一处，海军学生能供给她的只是一个年青人的身体，却不能在此外还给她什么好处。为了发散这两方面的感情，她对于一个能够同她温习过去商量未来的朋友，自然似乎就觉得待遇应当温柔些、亲切些。”

然而，丁玲和沈从文的共同语言太多，这导致了胡也频的嫉妒。

有那么一阵子，一说要去沈从文那里聊天，胡也频便装着生病了，不和丁玲一起去。可是丁玲呢，知道他要小性子，不理会他，照旧去。

这种烦恼怎么能瞒过沈从文的眼睛呢，沈从文自然要和他说明，又加上他自己也暗中观察，确信他的丁玲和沈从文只是老乡的情谊较浓厚，并没有其他暧昧，才放了心。

对于写作，丁玲从未像胡也频和沈从文这么热爱，她甚至也从未想过自己也可以当作家，她的志向是旅行，或者做一个画家。她是下定决心学过也考过美术专科的，只是没有考上。

当作家，纯属和胡也频在一起待的时间久了，被传染了。曾有一度，看着胡也频写作困难，又出不了名，替他着急。有一次，丁玲看小说《茶花女》，觉得贫穷的生活真的无法容忍，就对胡也频说："频，你文章写不成功了，我想独自过上海演电影去。等到你写成一本书，且有书店愿意替你付印这本书时，我一定已经成为明星了。"

她替胡也频着急的同时，也和胡也频、沈从文商量着他们将来的打算。自然，胡也频和沈从文最理想的出路，便是办一本杂志。

然而，办杂志又岂是一件容易的事情，即使是不要费用，胡也频和沈从文向不少报社投过简历，想要替别人办一份文学周刊，也没有得到回应。

一九二六年春天，胡也频和丁玲回湖南住了一阵。丁玲从母亲那里要了一笔钱，然后，两个人第二次出门。先是在长沙住了一阵子，而后又到了武汉，再然后，两个人到了上海，丁玲真的想做一个演员，然而，在上海一住下来，马上就感受到了那个地方的消费太高。没有办法，两个人又一次回到了北京。

一群文学青年，又一次讨论办杂志的事情，社团的名字倒是取了一个，模仿着未名社，唤作“无须社”，大概是一群年轻人，没有胡子的意思。又或者是，无须有什么名气，便可以来加入的意思。总之，无须社成立后，却并未出版过什么正式的作品，所以只能算是一个有名无实的社团。

胡也频找到一份报馆的工作，有了固定的收入。一有收入，两个人花费便开始大手大脚，然而，花完了，又开始节约。沈从文这样写他们两个这段生活：“两人在北京住下来，总像等候什么似的。等什么？两人似乎也不明白的。但当真等着，就是等着丁玲女士写作的机会。”

果然，丁玲写的第一篇小说《梦珂》被叶圣陶看中，发表在《小说月报》上，得了一笔数目颇不小的稿酬。

这一篇小说给两个人的刺激远非稿酬这么简单，是接下来，丁玲的作品更好发表了。又有了新的稿酬。于是乎，两个人开始重新思考自己的未来。两个觉得应该多读些书。丁玲的那种不安分的念头又生出了，她想学习日语，想着，将来，她和胡也频的稿酬多了，便可以一起到日本留学。

而这一学日语，丁玲遇到了冯雪峰，她和胡也频的爱情受到了挑战。

一九二七年十二月下旬，沈从文离开北京，大概在元旦前后，抵上海。在《记丁玲》里，沈从文这样写他离开北京的原因："因中国的南方革命已进展到了南京，出版物的盈虚消息已显然有由北而南的趋势，北京城的好天气同公寓中的好规矩，都不能使我承认老待在这个砖头垒就的大城中为得计。并且在上海一方面，则正是一些新书业发轫的时节，《小说月报》因为编辑部方面负责者换了一人，作品取舍的标准不同了一些，在北京汉园公寓写成的《柏子》等作，已经给了我一个登载的机会，另一登载我作品的《现代评论》，编辑部又已迁过上海，北新书局和新月书店皆为我印行了一本新书，我觉得我在上海即或不能生活得比北京从容些，至少在上海也当比在北方活得有意思些，故我不能尽在北京住，作过日本留学的空想，就从海道把一点简单行李同一个不甚结实的身体，搬移过了上海，在法租界善钟路一个朋友代为租妥的亭子间住下，开始了我上海的新生活。"

而当时留在北京的胡也频和丁玲呢，一心想着能过日本去留学。

沈从文大约元旦前后到了上海，先是住在一个小亭子间里，过了不久，又搬进一间大一点儿的房间。两个月以后的某天，胡也频和丁玲突然从北京来到了上海，到上海以后，并没有想做长久停留，所以，暂时住在沈从文的房间里。房间里只有一张床，所以，胡也频和丁玲只能打地铺。两个人是想去杭州看西湖的，所以，在上海只是做个中转。

然而第二天天不亮，两个人就因为一件小事吵起来了。沈从文对这样的场景并不陌生，所以，一开始并不参与。而两个人越吵越凶。

对付胡也频和丁玲的吵架，以往的经验很多，一开始呢，是两方面按捺，让双方的情绪都不要激动，如果这样的劝说不奏效的话，那么，沈从文呢，会拉住一个拼命想要外出的人。实在是争吵得很凶，拉都拉不住的话，沈从文只好将房间的门在外面锁上，自己拿着钥匙在外面看着，直到两个人的气消了，脾气缓和下来了，才会答应开门。通常情况下，到了最后，两个人会请沈从文吃饭，一起给沈从文道歉。

也有劝说不了的时候，比如，一个人生气走了，离了房间。另一个人过不了多久，就又会坐着车子，满京城地寻找。找不到了，又必然是拉着沈从文一起找。

这样的场景，沈从文复习过多次，想想，都觉得自己是一场爱情的陪练人员。

正因为过于熟悉这一对恋人，沈从文以为，这一次也不过是平常的争吵。然而，刚抵上海的这次争吵不同于以往。

是有一个男人破坏了胡也频对丁玲的信任。

一开始，沈从文还以为和自己有关呢，他还要上前去解释给胡也频听呢，后来越听越觉得不对，原来，和丁玲好的，是另有一个人。

大致的吵架经历，沈从文也记录了下来，十分生动，有现场感。

胡也频说："我知道你不爱我，已爱了别人。"

丁玲说："正因你不爱我，你才会这么不信任我。"

胡也频又说："我就是因为太信任你，所以，放纵了你，没有管你，你才有机会和他那样。"

丁玲说："你那么多疑，自私，到了现在，还说爱我，你爱我怎么就不懂我对你的好。"

胡也频说："我信任你，你就成天地到他的住处去。"

丁玲说："我到他那儿去，你不是明知道为了什么事情吗？"

胡也频说："一开始是为了学日语的，后来呢，你敢说你们是清白的？"

丁玲一生气，就将大衣脱了，钱包也拿出来，将钱夹里的钱都掏出来，一下递给胡也频说："频，频，你莫说了，你瞧，我一个钱也不要，空着这两只手，我自己走了，你不必再来找我。"

胡也频也很生气，根本没有要劝止的意思，他对着丁玲说："好，美美，你走你的，我知道你离开我就会到什么人的身边。"

丁玲气得脸色发青，一面开门一面对着胡也频说："是的，我就是要去他那里。我爱他，我讨厌你。"

对丁玲说的这句"我讨厌你"，胡也频有猜中后的难过，也有根本不相信她会讨厌自己的判断，但是感情的梳理在那样的瞬间完全是模糊的，不冷静的，所以，他的生气的情绪很快便覆盖了他的理智，他的情绪不允许他缓和下来，所以，他仍然生气地对丁玲说：

“我就知道你是去找他……”

尽管胡也频万般生气丁玲说的话，但也知道她说的是气话。恋爱中的青年男女，一旦生了气，那话都是一句逐着一句说出来的。等到气消了，刚才的这些话却并不存放在记忆里，就好像从来没有说过一样。

这是沈从文早就知道的。所以，不论这两个人哭泣着如何争吵，他守着大门口，一个也不放过，想逃出大门去，想都别想。因为沈从文对上海也并不熟悉。而且呢，说实话，两个人找一个人，也颇需要几枚硬币作车费。

好玩的是，两个人的争吵，言语上，胡也频一定是失败的一方。沈从文呢，根本不必费神猜测。但胡也频也有不好的毛病，就是吵不过对方的时候，会气急败坏地将丁玲挤在一个墙角里，要么用两只手将丁玲摁在墙上，大声地恐吓，要么呢，直接不停地挥着拳头在丁玲面前晃来晃去。

第一次见到这样情景的沈从文，曾经是非常紧张的，以为胡也频要对丁玲动粗呢。一边用力地拉扯着胡也频还一边大声地骂他，说：“小胡，小胡，你这办法真不高明，你这样欺凌她一个女孩子，你不配称为男子。”

可是，这样子拉扯也没有用处，只要沈从文的手一松，他就又会冲上去。

而每每这个时候，丁玲就完全沉默，甚至刚才还气急败坏地和胡也频一字一句地辩解，对骂，现在完全放弃了辩解，神色也松弛温柔下来。

这个时候，战争便近了尾声了。

吵了一个上午，直到两个人都饿了，才将理智找回来。于是，两个人分别给沈从文道歉，说给他出了难题，再然后呢，沈从文便领着两个人出去吃饭。

吃过饭以后呢，沈从文又领着两个人看了一场电影，算是彻底的和解，在外面吃了晚饭才回到住处。两个人商量好了，第二天，便一起去西湖游玩。

两个人欢快地离开上海的，又去了西湖那样美好多情的地方。

沈从文本以为，自己的爱情顾问的职业生涯也基本画上了句号呢。然而，一周后，胡也频却突然独自回到了上海，唉声叹气地，告诉沈从文，说，他坚决不再回杭州找丁玲了。

自然，两个相爱的人，又在翻旧账的时候，翻到了那一页。

而两个人，均没有好的办法翻过这一页。

晚上的时候，沈从文和胡也频躺在一张床上。沈从文让胡也频细细地说他心中的所思所想，甚至所受的委屈。

沈从文一边听着胡也频时而幼稚时而深情地诉说，一边记下他述说的要点，作为一个旁观者，他看得出，胡也频依赖丁玲，丁玲呢，也深爱着胡也频。他又分析了一下，丁玲和那个人的爱情，用着他个人所能理解的爱情的比重，或者是侧重，他说服了胡也频，要他将这一页翻过去，好好珍惜两个人在一起的时光。

还别说，沈从文的演说内容将胡也频的疑虑和疑惑解开了，他说动了胡也频，第二天，胡也频便又回到了西湖，回到了丁玲的身边。

这一段时光大约是胡也频和丁玲最为美好的时光，以至于后来每每说起这一小段时光，胡也频都是以和丁玲度蜜月来简称。

是啊，也正是在一段感情的挫折之后，双方才知道，原来两个人遇到一起，本就是值得珍惜的一件事情。

等到一九二八年七月，胡也频和丁玲从杭州回到上海，要参与编辑《中央日报》的一个《红与黑》副刊。

当时的丁玲正是中国最为畅销的女作家之一。对于丁玲的走红原因，沈从文是这样写的："那时节女作家中几个人，冰心因病倦于写作搁笔了，沅君（淦女士）写作'隔绝之后'的时代已经稍稍过去，努力研究词曲去了，叔华明白了她的所长当在绘画，埋头于宋元临摹，不再写她的小说了，同时女作家中间或还有写作陆续发表的，如苏雪林、陈学昭，虽各把握了一部分女性读者，较之丁玲女士作品笼罩一切处，则显然无可颉颃，难于并提。"

那一段时光，胡也频和丁玲倒也恩爱得很，一领了稿酬，便会出去大肆购物。"男的只欢喜为女的买贵重香水、贵重的糖果、值钱的花边、值钱的鲜花，女的则欢喜为男的买价钱极大的领带，以及其他类乎这种东西的小玩意儿。"

从沈从文的《记丁玲》这篇长文里，可以看出，这两个年轻人，不是居家过日子的，挣到一笔钱呢，短时间内就去花完，买很多衣物零食，但若是接下来，经济困窘呢，则又要将买来的那些东西，由胡也频拿着，一件件地，去找个典当行，去当了，换食物。

沈从文当时正是看到他们两个这样不懂得过日子，没有任何生活的计划和常识，过于天真和真性情，所以觉得他们可能长久不了。他这样写道："我总得想起，一种有秩序的生活，似乎正在有意识地逃避到这两个人，故总永远使两个人同小孩子一样，然而，也正因为两人这份天真性情，才做成了两人此后的命运。丁玲女士早把一个妇人所必需的家务趣味与娘儿们计米较盐屯私房赚小钱的妇人当然性情失去，故两个人同时把成为俗人的机会也失去了。两人性情天真处，应遮盖了两人因天真而做出的荒唐与疏忽行为，因为它是美丽的，正如他们的天才一样，在俗人不易发现，不能存在的。"

然而，沈从文自己也不能在孤独中把持自己，除了给母亲看病用钱多一些，他自己呢，花销也没有什么计划。

在《不死日记》那一组连载在《红与黑》副刊上的稿子来看，在一九二八年八月二十二日这一天，他是这样写的："来此一共是二十天，得了《新月》方面五十块钱，《小说月报》二十块，也平（即胡也频）处十三块；共八十三块：用完了，几乎是不曾有过这样事似的，钱是只余三块了。还是日里夜里嚷着穷呀困呀的过日子的人，却糊涂地用了这样多钱了……我咀嚼自己糊涂地用钱，便想起母亲说的应当有个妻来管理的事了。不然真不行。不过这时到什么地方去找这样一个人呢？"

是啊，看着幸福的胡也频和丁玲，沈从文也无数次地想找一个女人，这样至少可以管理着自己不乱花钱。

从一九二八年七月份起，沈从文和胡也频、丁玲一起，承接了《中央日报》总编辑彭浩徐的邀请，决定一起编辑一份《红与黑》副刊，每一个月仅稿酬就可以预支二百多元。

因为此时，沈从文的母亲和九妹已经在上海与沈从文同住，所以，他很需要钱，得不停地写作。所以，这份报纸就由胡也频主编，而丁玲和沈从文从中协助。

这期间有一件好玩的事情，值得说一下。

胡也频和丁玲后来在萨坡赛路一百九十六号租了一处房子，房东是个从法国勤工俭学回来的留学生，而房东的太太，却是一个并不识字的单纯女人。

这女人呢，因为喜欢吃糖果，常常到胡也频和丁玲的房间里来。有时候聊聊天，便能暴露出她的思想的单纯以及无知。

又加上，不论天气如何变化，这女子却总是身上只有固定的一两件衣裳，房东丈夫对她很是不好，所以，胡也频和沈从文以及丁玲，便想教一些知识给这个妇人，让她懂文学，有修养，甚至三个人想把她打造成为一个非凡的女人。

哪知，本来是开玩笑的事情，那女人和胡也频接触得时间长了，竟然喜欢上了胡也频。

而恰好，那房东又发现了这个女人喜欢胡也频的事情，于是，胡也频和丁玲争吵了一番，又一次搬了家。

叫作《红与黑》的文学副刊，并没有办得持久，约莫有三个月的工夫，便黄了。

恰逢这时，胡也频的父亲胡廷玉将祖屋卖了，有一千余块的节余。胡也频便向父亲借了一千块，和丁玲、沈从文一商量，他们自己决定成立一个出版社。大概是有些继承“红与黑”的意思，便叫“红黑出版社”。

后来，沈从文曾对人解释，说是“红黑”是湘西方言，大概是“横竖、反正”的意思，意味着，他们三个人下定了决心，横竖是要做一把出版。

他们在萨坡赛路二〇四号租了一套房，就算是红黑出版社的地址了。大概也由于这钱是胡也频筹的，所以，在平日的工作上，做主的自然也是胡也频和丁玲。所以，才有沈从文在与朋友聊天时的诉苦。比如一九二八年十二月六日，他去拜访人间书店的程万孚，同一天，程万孚给弟弟程朱溪写信：“从文今日在我处时，你信来，他也高兴知你的一切，说是昨夜他给了你信。此人真苦，真可怜！而也频与丁玲在一起，从文处处皆受指挥，不然，奶奶不悦，先生亦怒。他又好无趣，且贫，他的遗嘱已写好，想死，非自杀，乃怕死。你可写信安慰他，但勿说起胡与蒋，因他们同住，免多事。他待我很亲、诚，我亦十分诚恳待他的。”

也正是因为这程氏兄弟和沈从文的交情，不久，沈从文和丁玲，又帮着程万孚的人间书店编辑《人间》月刊。

一九二九年元月，《红黑》和《人间》月刊先后出版，尤其是《红黑》，第一期还有一个好的销量。然而，文学刊物终究是没有利润的。《人间》只出了三期，因为书店没有资金支持，第四期都已经编好了，但没有钱来印刷，只好停办。《红黑》也是，花完了积蓄，卖书的钱，一些发行的书店总是不结账，而这些事又远非他们三人所擅长的，所以，到了六月份的时候，已经没有钱支撑下去了。

生活总是要继续下去啊，沈从文好在有徐志摩，帮他推荐给了胡适，胡适当时正好在上海的中国公学任校长，他知道沈从文的情况，知道他没有学历，却很能写作。于是决定聘请沈从文做中国公学的老师。

沈从文自然是乐意的，但又隐约觉得有哪里不妥，是自卑的缘故，从他给胡适的信里，可以看得出。他在一九二九年六月致胡适的信里是这样写的："适之先生：昨为从文谋教书事，思之数日，果于学校方面不至于弄笑话，从文可试一学期。从文其所以不敢做此事，亦只为空虚无物，恐学生失望，先生亦难为情耳。从文意，在功课方面恐将来或只能给学生以趣味，不能给学生以多少知识，故范围较窄，钱也不妨少点，且任何时学校方面感到从文无用时，不要从文也不甚要紧。可教的大致为改卷子与新兴文学各方面之考察，及个人对各作家之感想，关于各教学方法，若能得先生为示一二，实为幸事。事情在学校方面无问题以后，从文想即过吴淞租屋，因此间住于家母病人极不宜，且贵，眼前两月即感束手也。"

他表态有两点，一是钱可以少一点，再则是随时可以辞退自己，他毫无怨言。

而胡也频呢，在好友陆侃如、冯沅君的推荐下，也有两处工作可以选择，一是去河南某学校任教，二是去济南高级中学任教，相比较而言，济南离上海更近便一些。于是胡也频便选了济南。在《记丁玲》一文里，沈从文这样写道：“海军学生过济南时，两人原已约定，教书的应认真教书，不许成天写信，做文章的也应好好做文章，不许成天写信。必需半年后教书的赚了一笔钱，写文章的积下了一批文章，方可见面，再来讨论新的生活方法。这种计划当然极好，因为也只有这种计划，两人方能把生活展开，基础稳固。”

然而，胡也频在济南并不安分，因为参加当地的学潮，大概是带头闹了，不久，被当地政府通缉。在济南只待了三个月，便又回到了上海。

从济南回到上海的胡也频，与丁玲的感情，倒是好了。沈从文这样写他们：“平时生活虽拮据万分，却有说有笑，精神身体，亦极其健康。从济南回来便沉静了些，不必说一方面自然是过去一切不坚实的感情和观念，皆得在两个人一种反省下有所修正，另一方面则是社会使他们沉默了。”

在中国公学，沈从文喜欢上一个叫张兆和的女学生，又加上，中国公学在吴淞，不在上海市区，所以，与胡也频和丁玲见面的机会越来越少。唯一感觉这两人的变化，就是不停地搬家。

一九三〇年五月，胡适辞去中国公学的校长，这影响到沈从文的工作。不久后，他也辞职。还好，这次是胡适和徐志摩共同推荐他，到了武汉大学文学院陈西滢那里，做中文系的讲师。

在武汉大学上了一个学期的课，趁着放寒假的时候，沈从文到上海去看望在中国公学上学的九妹沈岳萌。自然又去看望胡也频、丁玲他们。

那是一九三一年一月中旬，此时，胡也频和丁玲已经生了一个孩子。

让沈从文感到吃惊的，不是他们生了孩子，而是，他们思想的转变。因为在左联工作，胡也频出入家的时候，常常会有一些国民党的特务密探跟踪，可是，他们两个仿佛并不担心。

在《记丁玲》里，沈从文这样描述他自己的担心："畏怯原不是革命者所应有的东西，但过分洒脱，则不免疏于人我之间的防卫。我尤其不能同意的，便是他们似乎业已忘了自己如何得到大众的原因，仿佛手中已操持了更好的，各在轻视原来手中那支笔。皆以为把笔摔下的时代业已降临，不放下手中那支笔诸事就作不好。关于这件事，我大约和他们讨论过二十次。认为他们的笔不适宜于从手中离开。"

沈从文认为两个人是作家，即使是战斗也要用笔来写文章战斗，而不是加入什么秘密组织。这在胡也频和丁玲看来，是迂腐的，也是怯懦的。

沈从文也没有办法辩解，只好在心里想："一切人都在那里用自己一分观念决定自己的命运，既明白每人因生活不同，观念也难相同，或者就应当各人沉默守分，尽时间来说明各人的命运得失了。"

一月十六日，沈从文请胡也频和丁玲一起看了一部美国电影。电影并不好看，惹得胡也频和丁玲在争吵时又一次翻了旧账。

翻了什么旧账呢，不过是，丁玲因为胡也频无端的猜疑，生气地将手中写了一半的文章扔到了火炉里烧掉了。

第二天，即一九三一年一月十七日，沈从文答应了中国公学的一些旧同事，一起吃饭。所以，早上的时候，想去找胡也频说说话，问问他是不是决定要去江西找共产党，而丁玲和孩子又当如何安排。因为过几天，沈从文就要回武汉，如果需要的话，他可以将丁玲和孩子一起带回到武汉去，这样可以让他们母子回到丁玲的故乡。

那天胡也频先是让沈从文帮忙给他租住的房东的独生子写一个挽联，沈从文没有写过这种对联，原是拒绝的，可是拗不过胡也频，应下了。又接着说起一个作家的组织，胡也频说服沈从文加入，沈从文也说不过胡也频，答应入了。后来，胡也频便从沈从文这里拿了六块钱和两本杂志，离开了。

下午三点钟的时候，沈从文与同事吃过了饭，便又去胡也频的住处，只有丁玲母子在，胡也频没有回来。沈从文有一种不祥的预感，对丁玲说："他约我来写挽联，这时候还不回来，莫非路上被狗咬了。"

丁玲却并不担心，因为胡也频走的时候，身上并没有带什么不妥的东西。

晚饭后，沈从文又到丁玲处，仍然没有见胡也频回来。

十八日一早，发现，胡也频仍然没有回来，于是两人着急了，觉得有可能是被抓捕了。沈从文呢，从街上买了好多份报纸来看，看看是不是发生什么重大的车祸，然而，仍然没有什么头绪。

一直到下午时分，才知道，胡也频被捕了。

沈从文傍晚时分回到住处，有人在他那里等着他，说是要转交一封信。沈从文一看，是胡也频的字，内容是这样的：“休：我遇了冤枉事情，昨天过你住处谈天，从住处出来到先施公司，遇女友拉去东方旅馆看个朋友，谁知到那里后就被他们误会逮捕了。请你费神向胡先生蔡先生一求，要他们设法保我出来。请吴经熊律师，乘我还不转移龙华时，进行诉讼。你明白我，一切务必赶快。否则日子一久，就讨厌了。奶奶处请你关照一声，告她不必担心。我的事情万不宜迟，迟了会生变化，我很着急！……崇轩。”

信的一个角落里，还有一行小字：“事不宜迟，赶快为我想法取保。信送到后，给来人五块钱。”

等到沈从文将信拿给丁玲看的时候，丁玲竟然在家里看一个通俗下流的小说集。

沈从文正奇怪她不担心胡也频的安危，竟然有这样不合时宜的闲情，丁玲看到沈从文的神情，知他误解了自己，举起了自己手中的书，给沈从文看了一眼，沈从文才知道，原来，那书里面的一些内容已经被挖空了，夹了其他秘密的内容。

等看了胡也频的信，丁玲马上跑到书架边去翻书，翻了一本后又寻另外一本。大约是找不到想要找的秘密文件，她有些焦虑，对着沈从文说：“糟极了，他一定把那东西带走了。”

正当沈从文不明就里时，她又自我安慰说：“不妨事，全不妨事，带去了也不危险。”

一月二十日，沈从文见胡适，希望他能帮助营救胡也频。胡适在日记里这样记录此事：“沈从文来谈甚久。星期六与星期日两日，上海公安局会同公共租界捕房破获共产党住所几处，拿了廿七人，昨日开讯，只有两女子保释了，余廿五人引渡，其中有人认为是文学家胡也频。从文很着急，为他奔走设法营救，但我无法援助。”说是没有办法，但胡适还是给蔡元培写了一封信。

沈从文持了信，便去了南京找蔡元培。蔡元培给当时的上海市市长张群写了一封信。

此后，丁玲也从郑振铎和陈望道那里得到信息，可以找邵力子帮忙。于是，沈从文又带着丁玲到了南京，邵力子的策略，仍然是给上海市的市长张群写信。

等沈从文找到张群的时候，被告知，胡也频等二十余人，已经被转移至龙华区警备司令部了。

之后，沈从文和丁玲花费了很多费用去探监，却没有能会面，只是远远地看到了胡也频的背影，确证他还活着。

一九三一年二月六日中午，沈从文给美国的友人王际真写信，说：“一个朋友被捉到牢里，这半月，我便把日子消磨在为他奔走找人找钱事情上去了。结果还是依然在牢里，不审，不判决，住处为军事机关，因此在不好情形下，仍然随时可以处决。这个人是胡也频，这名字你一定不十分陌生。”

二月七日，早些年在北京要好的友人左恭从南京到了上海，见了丁玲和沈从文，告诉他们说，陈立夫曾经说过，可以帮忙过问胡也频的案件。于是，沈从文带了丁玲，马不停蹄地跑去南京，找陈立夫帮忙。就住在左恭的家里。

然而，沈从文和丁玲不知，就在左恭告诉他们消息的当天晚上，胡也频与二十几个青年被枪决了。

陈立夫会沈从文和丁玲时并未承诺一定会救出胡也频，只是说，如果胡也频不是共产党的话，可以想办法。

等他们回到住处，已经得了李达和王会悟的快信，说，胡也频已经牺牲了。

一九三一年二月二十七日，沈从文致信王际真："朋友胡也频已死去，二十人中八十枪，到后则男女埋一坑内。现在我同到那个孤儿母子住在一处，不久或者送这个三月大的孩子回到家乡去……小孩母子住隔壁，听听哭喊声音，便好像是坐在地狱边界上，因为那母亲，若果那一天同丈夫在一块走，一定也就死去了。"

胡也频逝后的丁玲，生活并不安宁。上海的一些小报经常会造一些丁玲的谣言。在《记丁玲》里，沈从文这样写道："海军学生的死亡，慢慢地在熟人记忆中失去了它的颜色，知道其事前因后果的，当时不便说或不愿说什么话，唯捕风捉影的传闻，则常常可从各小报或定期刊物上看到。对于死者已不能再说什么，便对于还依然活着的丁玲，散布无数不实不尽的谣言，增加她活着的危险与困难。或者说其人已过俄国，或者说人尚在上海有何活动，或者说她已同左翼作家某某同居，或者说……总而言之，则不过一群上海闲人，平日无正经事可做，在上茶楼吃喝之余，互相以口耳在一个入时题材上，所做的无聊传述而已。”

胡也频的父亲胡廷玉，在报纸上看到了消息，知道胡也频已经逝世，但和丁玲有一个儿子，于是坐船来到了上海，反复地找丁玲，也没有找到，直到有一天找到了沈从文。

胡也频有一个弟弟，前不久刚刚在一场战争中受伤死去，现在，胡也频又被枪决，所以，胡也频的父亲伤心地来寻丁玲，就是想将那个胡家唯一的骨肉带走。

沈从文立即找到了丁玲，告诉她胡也频的父亲想将孩子带走。丁玲呢，便和沈从文商量，如果将孩子让胡也频父亲带走的话，那么以后，想要见面就不容易了。

而且将来孩子的教育，自己想要过问也不容易了。她于是让沈从文帮忙代看一下孩子，自己一个人去见了胡廷玉。她对胡也频的父亲说，她想亲自教育孩子，孩子没有父亲了，再离开母亲，会很孤单的。

好在胡也频的父亲是个通情理的人，知道胡也频和丁玲的感情好，现在胡也频没有了，又将孩子从丁玲身边带走，丁玲可能会活不下去的。

所以，他同意丁玲带孩子，只是请求丁玲，让他看一眼孙子，只看一眼，连碰都不碰一下。丁玲自然也不好忤逆老人的最后意愿，应下了。

可是，正在这时，胡也频的父亲得到电报，说是胡的母亲也得了重病，病危，所以，还没有来得及看一眼亲孙子，便急着买了船票回福建了。

那个时候，沈从文因为胡也频的事情错过了回武汉大学教课的机会，在上海只好卖一些书稿。而当时的丁玲因为照顾孩子，根本没有时间写作。还有一件事情，丁玲想出版胡也频的书，所有的出版商，在当时的语境下，是不敢出版胡也频的作品的。所以，丁玲也陷入经济上的窘迫。

胡也频的父亲刚刚离开上海，丁玲母亲的信件也来了。

大概是湖南常德偏僻一些，上海这边的消息一直未传递到那里。为了安慰老人，丁玲和沈从文商量了一下，就让沈从文代为写信。这样的事情，沈从文一向擅长的，当年在常德时，替黄玉书写情书，还促成过一对姻缘呢。

他先后替胡也频写过三次信给丁玲的母亲，就是假装胡也频还活着，一切生活都是正常的，为了让老人更相信，还不时夹一些先前丁玲和胡也频的照片在信里。

写这些信的时候，如果是需要一些生活细节，丁玲呢，自然会在旁边给沈从文口述。就这样，沈从文就像“创作”文学作品一样的，写了几封信给丁玲的母亲。

然而，这些信毕竟阻挡不了报纸新闻，终于，胡也频等人被抓的消息，还是传到了湖南，丁玲的母亲写信来问。沈从文又回了一信，在《记丁玲》一文里，他照录了此信，大致如下：

姆妈：得到你的信，你真会疑心。我近来忙得如转磨，冰之来信应当说得很明白，有了些日子不写信回来，难道就发生什么了不得的大事？不要看些造谣的报纸，不必相信那些报纸上的传说，那是假的。谁来捉我这样一个人呢？除了姆妈只想捉我们回家去陪大乾乾说西湖故事以外，谁也不想捉我，谁也捉不了我。

小频身体好，一天比一天壮实，将来长大了，恐怕只有回来在辰河作船夫，占据中南门小码头，包送老祖宗来往桃源同西湖。西湖如今还与长江不通船，我明白，我明白，不必姆妈来说我就明白喔！可是二十年后，世界不会同今天一个样子，姆妈不相信么？小频吃得多，我也吃得多。我极想吃腊肉和菌油。家中的廊檐下，这几天太阳很好，一定还悬挂得有一个火腿，一块黄黄的腊肉，留给我回来吃的。姆妈，你等着，事情若不太忙，我会把小频送回来换这块腊肉。

我想远行，去的地方也许极远，因为……这些事冰之信说得一定很清楚了，不明白的你将来也自然会弄明白，这时我不告你。我只预备回来时同你下棋。我的围棋近来真进步大多了，我敢打赌，我不会再输给妈了。

请替我们问大乾乾的好，说这里有三个人很念她，其中一个是乾乾还不曾见过面的，名字叫作小频。小频真是个厉害的小家伙，他那眼睛鼻子全像他那祖母，一个天生的领袖！

我这信简直写不下去了，小家伙古怪得很，只麻烦我，其实他早就应当来麻烦姆妈了……

然而这些信虽然暂时安抚了丁玲母亲的担忧，却又激起了她的爱心，她在回信中说，如果不能将小外孙抱回到湖南给她看，她便要动身来上海看看自己的外孙了。

怕秘密被识破，只能动身将小孩子送回到湖南老家去。

当时呢，正好，徐志摩帮着丁玲卖出去一本书稿，得了一笔钱。而远在美国的王际真在信里知道沈从文忙着营救胡也频，需要钱，也寄了一笔钱来。

有了这路上的费用，沈从文决定带着丁玲和那遗孤回一趟常德，将孩子送给外婆，然后，他和丁玲再回来。

但是，丁玲担心，胡也频不跟着丁玲一起回去，母亲自然又东问西问的，这样问不了多久，也会问出破绽来。所以，又设计好了方法，就让沈从文提前拟好了三通电报和七封信。沈从文是以胡也频的口气拟好的电报与信件，把这些信件交给了沈岳萌，并交代好了时间，让九妹按着预先设计好的时间发出。第一封电报告知那外婆，沈从文和丁玲动身的时间，第二封电报祝贺我们到家的快乐，第三封电报便要催促丁玲回上海。

那几封信呢，也是意思相近，就是催丁玲回上海。沈从文在《记丁玲》里录了一封信的内容，如下："姆妈，莫太自私，把女儿留下！快放冰之来上海同我玩几天，我们一别必须三两年方能见面！我走后她回来陪姆妈的日子长。你再不放她出来，我真的不高兴了……"

然而，路上的时间耽误得长了一些。结果，沈从文和丁玲一到常德，那外婆就拿着两封快信和三封电报让丁玲看，一边抱过孩子笑话胡也频，说：“这世界上还真只有你那爸爸急性，人还不回来，就电呀信呀催促妈妈回去，真是个急性的人！”

沈从文和丁玲呢，也只能演戏给蒋老太太看，一边乐呵呵地看那自己炮制好的快信，一边也跟着埋怨胡也频。

一直担心丁玲晚上的时候会哭的沈从文，一直到离开常德时也没有见着丁玲哭。

终于，在常德待了三天后，他们两个一起返回上海。时间已经是一九三一年的四月，因为错过了武汉大学的开学机会，沈从文失去了一份工作。

而随着胡也频的死，他做爱情顾问官的事情也基本结束了。正是在这个时候，他疯狂地喜欢上一个女学生，他有了自己的爱情事情要做。

之前所有的经历对于他的这次爱情来说，都是切切实实的营养，他投入地去爱了，他用尽全力地，开始爱了。

之三　徐志摩先生

《沈从文全集》里现存的给徐志摩的信件有两封，第一信可用两个字概略：哭穷。

这封信的写作时间是一九二八年十二月四日，此时呢，沈从文的母亲病着，刚在北京看了病，转到上海不久，他的妹妹也跟着她在上海一起生活。当时的沈从文和胡也频、丁玲一起办了红黑出版社，却一直没有赚到钱，甚至还赔了些本钱。在信里，沈从文这样写道："近从文已迁萨坡赛路二〇四号。目下情形，实在窘中，北平方面亦非钱不行，且因上月欠人钱太多，实有非还不可之势，因子离说钱钱不得，新月方面不能为从文设点法，眼前真不成样子。因穷于对付生活，身体转坏，脾气亦坏，文章一字不能写。自己希望也不为过奢，但想得一笔钱应付各方，能安安定定休息一个月，只要有一个月不必在人事上打算，即是大幸福，此事你帮帮看看。"

沈从文求徐志摩帮他说说好话，如果欠他的钱不能给，就先垫付二百元给他，他以后用书稿来还钱。他还写道："总之这时是有五百块钱也有正当用处的。最低限度我总得将我家中人在挨饿情形中救济一下。实在没有办法，在最近，从文只好想方设法改业，文章赌咒不写了。"

沈从文所说的想改业，不过是想去跟着刘海粟学画画，将来好赚些钱养家。

徐志摩正是听说沈从文有放弃写作的意思去上学，才将他推荐给胡适所在的中国公学，并对沈从文说，你念什么书啊，还不如去教书。

徐志摩和沈从文的交往应该再往前推些时间，郁达夫给沈从文写完公开信不久，负责《晨报副刊》的编辑孙伏园因为鲁迅先生的一首诗，与总编吵了一架，不干了。孙伏园离开《晨报副刊》之后，沈从文开始在《晨报副刊》发表作品，从此一发而不可收。

一九二五年十月起，《晨报副刊》邀请徐志摩做主编。徐志摩将沈从文列为重点作者，在发表沈从文的散文《市集》的时候，专门配发编者按"志摩的欣赏"来赞美沈从文，录入如下："这是多美丽多生动的一幅乡村画。作者的笔真像是梦里的一只小艇，在波纹瘦鳒鳒的梦河里荡着，处处有着落，却又处处不留痕迹。这般作品不是写成的，是'想成'的。给这类的作者，批评是多余的，因为他自己就是最不放松的不出声的批评者。奖励也多余的，因为春草的发青，云雀的放歌，都是用不着人们的奖励的。"

可是这篇叫作《市集》的文章，沈从文一稿发至了几处。大概先是投稿给了《晨报副刊》，并没有得到认可，过了些日子，沈从文又将稿子投寄至《燕大周刊》，结果发表了。胡也频呢，当时在《京报·民众文艺》做编辑，觉得沈从文的这篇散文写得不错，便又转载了去。

等到沈从文看到《晨报副刊》发表这篇文章，甚至还配了徐志摩的推荐。觉得自己做错了事，对不起徐志摩，马上又写了一封信来说明情况，在信里，他这样写："志摩先生：看到报，事真糟，想法声明一下吧。近来正有一般小捣鬼遇事寻罅缝，说不定因此又要生出一番新的风浪。那一篇《市集》先送到《晨报》，用'休芸芸'名字，久不见登载，以为不见了。接着因《燕大周刊》有个熟人拿去登过；后又为一个朋友不候我的许可又转载到了《民众文艺》上——在此又见，是三次了。小东西出现到三次，不是丑事总也成了可笑的事！"

而徐志摩看到沈从文的声明以后，就将沈从文的说明发表了，并在那说明的后面附上了他自己的回复："从文，不碍事，算是我们副刊转载的，也就罢了。有一位署名'小兵'的劝我下回没有相当稿子时，就不妨拿空白纸给读者们做别的用途，省得搀上烂东西叫人家看了眼疼心烦。我想另一个办法是复载值得读者们再读三读乃至四读五读的作品，我想这也应得比乱登的办法强些。下回再要没有好稿子，我想我要开始印《红楼梦》了！好在版权是不成问题的。"

沈从文在上海期间，经济困顿了，第一时间想到的人，是徐志摩。由一九二八年这封信可以看出。在这封信里，沈从文甚至对徐志摩说，在你们新月社那里的一本书稿，虽然已经排好了版，但是，如果有别的出版社给我钱来出版，你就让出来好吗，大不了，我将你们的排版费付了。这样的话，有了结余，也好解一下我的燃眉之急。

徐志摩自然是帮助了沈从文的，因为不久，沈从文便因为徐志摩的推荐到了中国公学去教书，虽然只是一个讲师，但待遇还是相当不错的。沈从文在一九二九年六月初给父亲沈宗嗣的信里写下了他的待遇："现有人正同意找男教书，一百七一月，大致为公立大学，一星期在一点钟左右约四元一小时。"

比起当时沈从文一千字才挣两三元的稿酬，这份稳定的工作自然是帮了他的大忙。

胡适辞去中国公学校长不久，沈从文也结束了在中国公学的教职工作。这个时候，胡适和徐志摩又一起举荐沈从文到了武汉大学中文系教书。

不仅如此，胡也频被捕后，丁玲的书稿当时出版不了，也还是徐志摩帮着推荐出版了一部。同时，救助胡也频的时候，徐志摩和远在美国的王际真均帮着沈从文出了些钱。

因为救助胡也频的缘故，沈从文错过了武汉大学的开学时间，徐志摩又一次举荐沈从文到了青岛大学教课。

正是在青岛大学期间，沈从文给徐志摩写了一封长信，然而，十天后，徐志摩便飞机失事殒命了。

这封被多人解读过的信里，传递出很多名人的轶事。

信的开头这样写："这里近日来冷了一点儿，但不如北京那么大风。（北京人十分温和，北京的风可有点刻薄。）方令孺星期二离开此地，这时或已见及你。她这次恐怕不好意思再回青岛来，因为其中也有些女人照例的悲剧，她无从同你谈及，但我知道那前前后后，故很觉得她可怜。她应当在北平找点事做，能够为她援一手的只有你，你若有那种方便，为她介绍到一个什么大学去作女生指导员，比教书相宜。她人是很好的，很洒脱爽直的，也有点女人通同不可免的毛病，就是生活没有什么定见。还有使她吃亏处，就是有些只合年青妙龄女人所许可的幻想，她还不放下这个她不大相宜的一份。在此有些痛苦，就全是那么生活不合体裁得来的。为了使她心情同年龄相称，她倒是真真需要‘教婆’教训一顿的人。”

这一段信里说出了两个女人，一个是新月派的女诗人方令孺，被称为当时中国第一美女作家，但因为在青岛大学和闻一多有了些感情的纠葛，惹出了许多议论，所以，她不得不离开青岛大学。沈从文写信时说“女人照例的悲剧”，大概就是指她与闻一多的爱情。而更让读者反复研究的是信里所说的“教婆”是谁?

这封信接下来的内容还说到“教婆”:“你见‘山友’为我问问要一张画，难道不行吗?……我这里留到有一份礼物:‘教婆’诗的原稿、丁玲对那诗的见解、你的一封信，以及我的一点记录。等到你五十岁时，好好的印成一本书，作为你五十大寿的礼仪。”

这一段内容里开头说到“山友”，是指的林徽因。

一九二八年的秋天，林徽因和梁思成在巴黎结婚后回国，在东北大学创建了建筑系。然而，他们的女儿出生后不久，林徽因病倒了。不得不离开沈阳东北大学，一个人回到北京的香山疗养。

这一段时间呢，不少文朋诗友常到香山上去看望林徽因，徐志摩自然是最常去的一个。不仅仅去看，讨论诗歌，有时候，徐志摩还住下来，就住在林徽因住处附近的小旅馆里。

时间久了，自然有一些闲言传出来。

而沈从文信中的“山友”，自然是说徐志摩住在香山上的女友。而沈从文托徐志摩向林徽因求画，且说得暧昧轻浮，给读者传递出许多想象的空间：难道不行吗？

一九二六年，徐志摩和陆小曼的爱情轰动全国，沈从文自然也是一个受教育者，然而，生性多情的徐志摩并非不爱陆小曼了，而是他的心非常的宽厚，他有足够多的精力在爱情上多爱一个人。

所以，当他和林徽因通过诗歌频繁传情的时候，冰心也上香山看望了林徽因，并写了一首劝慰林徽因的诗，诗的名字叫作《我劝你》，诗的内容如下：

只有女人知道女人的心，虽然我晓得
只有女人的话，你不爱听。
曾费过一番沉吟
单看你那副身段，那双眼睛。
（只有女人知道那是不容易）
还有你那水晶似的剔透的心灵。
他洒下满天的花雨
他对你诉尽他灵魂上的飘零，
他为你长作了天涯的羁旅。你是王后，他是奚奴；
他说：妄想是他的罪过，

他为你甘心伏受天诛。

你爱听这个，我知道！这些都投合你的爱好，

你的骄傲。

这美丽的名词随他去创造。这些都只是剧意，诗情，

别忘了他是个浪漫的诗人

不说了！你又笑我对你讲圣书。

我只愿你想象他心中闷火般的痛苦地，一个人哪能永远糊涂！

有一天，他喊出了他的绝叫，哀呼。

他挣出他糊涂的罗网，

你留停在浪漫的中途。

你也莫调弄着剧意诗情！

在诗人，这只是庄严的游戏，你却逗露着游戏的真诚。

你丢失了你的好人，诗人在他无穷的游戏里，又寻到了一双眼睛。

我告诉你一个秘密："只有永远的冷淡，是永远的亲密！"

冰心这首诗自然是写给林徽因的，她想告诉林徽因的是，不要听徐志摩的甜言蜜语，诗人的天生工作就是制造这些，所以这些美好的句子，这些剧意诗情，都是无聊的。

大概正是因为这些说教的句子，沈从文在信里给冰心起了一个"教婆"的称谓，又或者是徐志摩私下起好的诨名也说不定。

总之，沈从文在给徐志摩的信里，说方令孺应该接受"教婆"

的教育，大概就是有《我劝你》这首诗里所表达的意思。沈从文冷幽默，他认为林徽因或者并不需要这首诗，而真正需要这首诗的，是方令孺。

冰心的这首诗写好以后，沈从文到北京替丁玲主编的《北斗》去组稿的时候，正好遇上这首诗，所以，丁玲就把这首诗发表在《北斗》杂志的创刊号上。大概是因为沈从文给丁玲讲过这首诗生产的背景，所以，丁玲也点评了一下这首诗。

而这首诗所劝慰的对象又是徐志摩所喜欢的林徽因，所以，才有信中所说的“五十岁礼仪”一说。

然而，这封信刚刚写完的第七天，一九三一年十一月十九日，徐志摩便因为飞机失事丧命在济南附近的一个山脚下。得知消息的时候，已经是十一月二十一日下午，当时包括沈从文在内有闻一多、梁实秋、赵太侔等人在杨振声家里喝酒聊天。而当天晚上，只买到一张三等车厢票的沈从文一夜未眠，赶到了济南。

十一月二十三日刚刚从济南赶回青岛的沈从文给远在美国的好友王际真写了一信，介绍徐志摩的死讯：“际真：志摩十一月十九日十一点三十五分乘飞机撞死于济南附近的‘开山’。飞机随即焚烧，故二司机成焦炭。志摩衣已尽焚去，全身颜色尚如生人，头部一大洞，左臂折碎，左腿折碎，照情形看来，当系飞机堕地前人即已毙命。廿一此间接到电后，廿二我赶到济南，见其破碎遗骸，停于一小庙中。时尚有梁思成等从北平赶来，张嘉铸从上海赶来，郭有守从南京赶来。廿二晚棺木运南京转上海，或者当葬他家乡。我现在刚从济南回来，时二十三早晨。”

从济南回到青岛的第二天，即十一月二十四日，沈从文给胡适写信，向胡适介绍了那架飞机残骸，想让胡适帮助联系一下，看看是不是有必要买下这飞机的残骸，好纪念徐志摩用。沈从文在信里说，定下一个日子，在全国各地同一时间，分别场地，举行一个纪念徐志摩的活动。

一九三一年十二月十二日，沈从文又一次致信胡适，说明关于徐志摩的一些档案资料，有些不适合由林徽因保管。他这样写道：“适之先生：若事情还赶得及，我想告诉你一件事情，就是志摩留存的案件，把一部分抽出莫全交给徽音较好。因为好像有几种案件，不大适宜于送徽音看。八月间我离开北平以前，在你楼上我同他谈到他的故事很久，他当时说到最适宜于保管他案件的人，是不甚说话的叔华。他一定有他的苦心。因为当时还同我说到，等他老后，等我们都老一点后，预备用我老后的精力，写他年青的故事，可以参考他百宝箱的一切。所以我到青岛后，他来信还说，已经把百宝箱带来了，等将来到北京看。其中我似乎听到说过有小曼日记，更不宜于给徽音看，使一个活人，从某一些死者文件上，发现一些不应当发现的东西，对于活人只多惆怅，所以我盼望我说这话时间还不过迟。若一切已全给了她，那羊已走去，补牢也不必了。”

这封信里，沈从文透露出，徐志摩曾经希望沈从文以他年轻时的荒唐爱情为原形，写一个小说，他愿意将他所有的资料都献出来。然而，徐志摩逝世后，因为过于伤痛，沈从文并未写任何纪念文字。

一直到三年以后，沈从文主编《大公报 · 文艺副刊》时，做了专门的纪念徐志摩的专辑，沈从文才写了纪念徐志摩的文字《三年前的十一月二十二日》。在这篇记录他奔赴济南看徐志摩最后一面的长文里，他这样写他对徐志摩的热爱："我的悲伤或者比他其余的朋友少一点，就只因为我见到的死亡太多了。我以为志摩智慧方面美丽放光处，死去了是不能再得的，固然十分可惜。但如他那种潇洒与宽容、不拘迂、不俗气、不小气、不势利，以及对于普遍人生万汇百物的热情，人格方面美丽放光处，他既然有许多朋友爱他崇敬他，这些人一定会把那种美丽人格移植到本人行为上来。这些人理解志摩，哀悼志摩，且能学习志摩，一个志摩死去了，这世界不因此有更多的志摩了？纪念志摩的唯一的方法，应当是扩大我们个人的人格，对世界多一份宽容，多一份爱。也就因为这点感觉，志摩死去了三年，我没有写过一句伤悼他的话。我希望的是志摩人虽然死去了，精神还能活在他的朋友间的。"

值得补充的是，徐志摩搭乘邮政局的飞机赶往北平，是急着想要听林徽因的一场演讲。所以，徐志摩的死，对沈从文来说除了是一个友情的结束，更多的，还有那情感上启蒙的结束。因为一九三一年十一月，他和张兆和的爱情，仍然在他一厢情愿的热情里，并无进展。

除了在给美国的王际真的信里诉一下感情的苦之外，他多么需要徐志摩这样感情复杂的友人，来启蒙他下一步的爱情啊。

之四　王际真先生

王际真，在沈从文的朋友中是非常特别的一个。他让我想到鲁迅和李秉中的关系，虽然王际真和沈从文的年龄相仿，而李秉中的年龄和经历与鲁迅却相差甚远。但是，他们的友谊，以及在信件里深入探讨两性生活，甚至日常生活的深度，确是十分相近的。

王际真是山东人，在美国留学，一九二九年夏末，经由徐志摩的介绍而熟识。在沈从文恋爱前后，作为沈从文最好的读者和听众，两个人通信是最多的。因为王际真的地址是美国，要用英文的，所以，每一次王际真都是将英文的信封写好，在给沈从文寄信的时候，寄来一叠空信封。沈从文呢，就直接将写好的信装入。

查看《沈从文全集》的第十八卷，一九二九年至一九三一年，除了正常的写作，沈从文基本上在和远在美国的王际真通信。

通信的内容也很宽泛，除了在信里讨论寂寞，日常生活的苦楚，他们也多次讨论爱情和理想。

现存的通信中，沈从文与王际真的第一封通信是残缺的。沈从文对王际真在美国的生活并不了解，所写的内容也多是客套的："到了美国还是把一切事详详细细告我们吧，我希望这是你高兴的一件事。在此无所事事的我，是以得到像你来信那样不嫌琐碎引为愉快的。关于写的方面，你应当率直的指点我的不对处，因为我非常明白我的短处是所采用的体裁极窄，而我又无法知道许多好的方式。我愿意有人告我所宜走的一条路，怎样做便使我精力不至于白费，我没有不乐从的。”

这是一九二九年九月十五日信的部分章节，这也是沈从文第一次给王际真写信。大概在见面聊天时很是投机，所以，在这第一封信里，沈从文也流露出对生活在上海的无力，甚至对前途渺茫的无助，信的末尾，他有这样的一句：“我发烧到不知多少度，三天内瘦了三分之一，但又极怕冷，窗子也不敢开。无事作，坐在床边，就想假若我是死了又怎么样？我是没有病也常常这样想的，大约彻底说来，就是人太不中用的缘故了。”

这样灰暗的心情，其实还是和当时沈从文收入的入不敷出相关。在之前的六月初，给父亲沈宗嗣的信里，也是这样的情绪：“数年来心情殊恶，到近来则更觉于空空洞洞之虚名无所用，故目下作文章亦只为对付生活，求较精深，自属无望。书一卖去，即非己有，虽在北平方面，识与不识，皆有为之捧场叫好，然在男视之，则反以为无聊。因为一切皆感无聊，所编之《人间》月刊亦辞去矣。”

在给王际真的第二封信和第三封信里，沈从文两次提到想要寻死。在一九二九年十月十九日的信里，沈从文这样写：“若果在将来我可以在美国也生活得下，我愿意远走点到美国来流几年，在中国我在任何形式生活下全找不出结论，所以一面教书一面只想死，可是他们没有一个人明白我有理由厌倦。或者我在今年会做出一些使你吃惊的事来也未可知……”

所以写让王际真吃惊的事来，无非有两点，一是自杀，二则呢，或者和一个坏一点的女人同居。这后一点，在以后的信里写到过。

然而，不久，沈从文所在中国公学有一个学生自杀于江边，这本是一件悲伤的事情，可是学生们却当作热闹去看，数以百计的人去那里看热闹。这让沈从文非常气愤，他在一九二九年十二月十三日给王际真的信里写道：“昨天此间学生之一自杀于江边，同时为看热闹往观者约数百人，本意活到不高兴时也许自杀，但看看一些毫无人性的大学生，把看死人为天朗气清一消遣事，觉得还是活下来为好了。”

沈从文将自己生活里的苦楚说给王际真听，王际真呢，也将自己遇到的不开心的事情说给沈从文听，比如，王际真说起自己喝酒。沈从文便在信里劝他少喝点酒。然而，劝说是劝说，过了不久，他自己和妹妹倒是买了一些喝起来了。

一九三〇年元旦刚过，旧历年底的时候，沈从文给王际真写信时说到，他过生日那天在江边闲走，曾想过要跳下去。可是，又觉得跳下去没有理由，至少得为一个女人什么的跳下去才有意义。他在信里说：“可是不知什么时候才有一个使我投江的女人！现在的女人总好像是等到那里，只要我伸手就开口说我投降，凡是投降的女人，我就要从她们身上找投江机会也不行了，所以还得想别的方法，也许十九年当有些新事情发生。”

在这封信里，他把结婚当作一件冒险的事情，他对王际真说他不想找一个好太太，因为他不需要，他想在坏女人中选一个最坏的，然后试试婚姻。

这自然是他的玩笑话，他总以为自己找不到像凌叔华那样的好太太，所以，就想着找一个出风头的道德败坏的女人，体验一把人生绝望的滋味。

然而说是这样说，三个星期以后，一九三〇年的一月二十二日，沈从文给王际真的信里这样写："近来常常想试同人结一次婚，可是照目下情形，就是打锣满街喊也喊不出一……"

在此前的信里，王际真大约是想翻译国内的作品，沈从文并不推荐郭沫若和郁达夫，他告诉王际真，鲁迅和冰心不错，但最近写得不多。

有一天，一九三〇年春节刚过不久，沈从文给王际真正写信，还没有写完，有五个学生来找沈从文，三个男生两个女生，向沈从文讨教如何写文章的。沈从文不教他们如何写文章，而是告诉他们，最好去谈恋爱。可是那些男生女生乐呵呵地，不信沈从文的话，非要让沈从文开一个读书的清单，沈从文只好照着做了。他在信里便向王际真抱怨：真是一批蠢东西。

和张兆和的恋爱是什么时候开始的呢，沈从文没有记日记的习惯，无从查证。但是，在一九三〇年三月二十七日致王际真的信里，已经彻底坦白了自己的苦恼："我是最软弱不过的，除了做文章养成仿佛强硬的个性以外，其余都是软巴巴的。譬如到这里，本来好像也不会为这地方的女人难过，但居然就难过了，但又明知道不值得难过，但总忘不了这难过。好像吃亏了（根本是一个女人纵平时不缺少聪明，但她那聪明并不是为了解男子而预备的），受了羞辱，一点儿自尊心情毁了，这作先生的课也不愿意上，关到房门伤心，想到一些处置这未来的自己。明明白白的是把事情辞去，跑到上海，那么至少在逃遁的勇敢情形中，也可以使女人难过一阵。不过我是无用的，我糟糕得很，居然用'到将来你会懂我'那种妥协，把自己从苦闷里拉出，仍然留到这里而且仍然上课了，这些事上我感到我无力振作的伤心。我就是尽这惰性在生活中滋长，常常而且永远把自己位置到最失败的地位上去。一个懂女人的人，是永远不会爱女人的，我现在就好像只有拿这个话来作慰藉。痛恨自己，不惜最残酷地刻薄自己，打了无数东西，见了女人什么也无可说，到失败中总还只去各种事上发现原谅女人的理由，这'懂事'，也只证明自己转向衰老一面的自觉罢了。想到这些事情时，便是想到回转家乡做隐士的时候。”

这是他与外部世界的人，第一次分享自己的隐私，他有了一个自己喜欢却并不喜欢自己，让他感到难过的女人了。

除了和王际真在信里讨论他喜欢的黑脸女人的事情以外，还有很多的话要说。每过一阵子，信封便会用完，而下一次，王际真又会寄来一包写好了地址的空信封。

王际真想要学习什么乐器会征求沈从文的意见，沈从文新出了什么文章也会向王际真汇报。

两个人用近乎情侣的精神在写信，胡也频被捕的事，徐志摩死亡的事，也正是因为这些信件里的交流，两个人一步步建立起兄弟般的友谊。

一直到一九八〇年的十一月，沈从文在终止文学创作四十年以后，在国外慢慢引起关注。这一年，他应邀到美国哥伦比亚大学做演讲。演讲会结束以后的第一件事，他便委托校方打探王际真的情况。因为王际真就在哥伦比亚大学工作过，且在这所大学退休。是王际真创办了哥伦比亚大学的中文系。

然而，沈从文托人带去的信，王际真回复了，说是知道沈从文来美国了，但因为彼此都老了，为了保持过去年轻时的好印象，不见面为好。彼时的王际真已经八十余岁，退休二十余年了。是有名的怪人。

然而，沈从文还是找到了王际真的家，并见了面。王际真当时独居，老伴已经离世，他孤单一个人居住。

沈从文让张兆和给他做了好吃的，王际真也非常开心。

他拉开抽屉，让沈从文看他二十年代出版的旧作，一本是《鸭子》，一本是《神巫之爱》，这是二十年代中期沈从文最早出版的两部作品。隔了五十余年，又一次看到，沈从文百感交集。

是啊，当年那个在信里惹得沈从文大哭的女人已经成为老太婆，当年翻译自己作品，不停资助自己度过贫困生活的友人就在眼前。这一切都如梦境一般。

王际真找到了沈从文一九二八年至一九三一年期间写给他的信，

沈从文翻那些五十年前的旧信，看着眼前的王际真，泪眼蒙眬，怅惘极了。

似乎，他又一次回到了一九三〇年的初春，他一封一封情书给张兆和，而屡遭退稿的情形，这一如他一九二三年初到北京时的情形。

他的人生，仿佛在开始的时候，总会有退稿信，而最后，总能收获美满丰富的甜酒。

张兆和
1931 年在中国公学运动会上获赛跑冠军

第四辑

痴狂

之一　动情的自我解剖

一九三〇年七月四日，正在休暑假的中国公学二年级学生、苏州九如巷的张家三小姐张兆和在日记里记下了一件烦心事：“姊妹三个去西美巷看了四爷家的小弟弟的病。我未吃午饭就到大姑奶家，大姑奶仍然是那么兴致洋溢地同我谈笑。所有的女长辈大姑奶是我最敬佩的。回来看到 Lo 的信——半年来为这事烦够了，总以为没事了，谁知事仍如此，或者更会加剧些，叫我如何办法呢？”

这段日记里说一个烦够的事，便是沈从文不停给她写情书的事情。日记里英文缩写的 Lo 是她的同学兼好友王华莲。

日记里专门说到时间——“半年来”，照这个时间来推，应该是一九三〇年初的事。然而在一九三〇年一月三日致王际真的信里还说，如果我要投江，也一定要为一个女人。可不知什么时候才能找到这个女人。

显然在一月初的时候，他并未陷入张兆和的爱情里。

而在给王际真的信里承认为一个女人难过已经是两个月以后的事了。一九三〇年一月二十七日这天给王际真的信里这样写道：“休息两日，又得动手写！年末得当天赌咒，大量不节制地做文章，明年一定出廿本。多做无可骄人，唯证明不能爱女人，力量固非不足，唯不适于在现代做一情人罢了。因据朋友来信说在北平好读者尚不乏好女人，故下半年不返乡也决离开上海，重作‘北伐’。近日仿佛为抖气原因，只愿意同一又丑又性劣的女人同住，但不消说这事并没有实行可能。”他在信里自嘲，说自己能写书的原因不过是没有女人谈恋爱，大把的时间没有地方浪费，只好写书了。还幽自己的默，对王际真说，他想去北京的原因，竟然因为听说北京的女读者较多。这简直是幼稚到可笑了。

春节过了不久，沈从文得了一场重感冒，大概是扁桃腺发了炎，发烧，打了几次针，大约是西药较贵，他的经济又不好了。他给胡适写信，想要预支一个月的工资。在信里他写道：“身体坏点心情也稀乱八糟了，不能读书，不想教书，也不做文章，就只是不能节制地在一些琐碎人事上生气。”

这一段写得有些模糊，不知向胡适所说的“在琐碎人事上生气”是不是和张兆和有关。如果有关系，那么，张兆和在日记里所说的半年的时间便大约对上了。因为这一天是一九三〇年的二月二十五日，刚刚开学不久。

直到三月二十七日在给王际真的信里第一次承认为了一个女人难过。难过的原因，自然是他写了情书给张兆和，而张兆和却完全不予理会。既然二十七日已经难过了，那么，可以推想，在给胡适写信的时候，大概已经是行动了的。

一个月以后的四月二十六日，他在给王际真的信里坦白了自己的受挫，甚至也详细分析了自己的窘迫心境。

他的生活已经到了夜晚的时候只想着张兆和的模样心烦意乱难

以入睡的程度。他在信里说："我在此爱上了一个并不体面的学生，好像是为了别人的聪明，我把一切做人的常态的秩序全毁了。"他给王际真的解释是，因为张兆和聪明，他爱上了她。

然而，一个学生的聪明大抵表现在学习成绩上吧。但是当时的张兆和情感的闸门似乎并未打开，所以，他的遭遇几乎是单相思。

这份从一九三〇年春节刚过就萌芽的感情，到了四月份的时候，已经成了温度较高的爱情暖水瓶，不仅烫到了张兆和，连沈从文自己都觉得做人的常态也无法保持了。

他开始明白，爱情原来是一种疾病，让自己无法正常呼吸。沈从文最初写给张兆和的情书内容是什么，如今已经无据可查。但从他给王际真的信里，可以猜测出七八。他首先向着张兆和解剖了自己，所谓"解剖"，无非是详细而深入地做了自我介绍，我甚至想，两年后他写的《从文自传》是不是也得益于这次对着心爱女人的"解剖"。然后呢，又说自己一看到张兆和便生出天然的想要保护她的冲动，对于保护女人，沈从文自然也是有经验的，因为他的九妹不是一直跟着他生活吗？他对着张兆和的聪明发誓，说他一定能给她制造一份完整的幸福，而且这世界上只有他才能给张兆和这份幸福。这幸福的计划包含着沈从文自己可以牺牲的热烈。

他写了解剖信以后，就一直等着张兆和的回复，然而，没有。什么消息也没有，就像是信件投错了邮筒一般。没有任何解释和回应。沈从文甚至躺在床上的时候，重新背诵自己写给她的情书，觉得那些字句和语法是没有问题的。再加上，那一段时间，沈从文教授学生们写作课，本身，他就写了一些文章给学生们当例文的。所以，他对那信的语法是有着充分的自信的。可见，没有回答的原因，不是因为语法，而是因为，磁场不对。他完全打开自己的热情，并没有吸引张兆和，张兆和没有接受沈从文激动而热烈的荷尔蒙，只是觉得这个老师对自己有着不轨的想法，她应该极力地逃避。

沈从文非常难过，觉得那么好的女孩子，却并不理解自己。甚至还误解了自己，以为自己对她纯洁而热烈的爱是污浊的。

“女人太年轻了，一个年轻人照例是不会明白男子的，我于是除了给这女人奇怪惊讶以外毫无所得。”

张兆和当时对沈从文的印象仅停留在单纯的老师的身份定位上，她并没有动心。怎么说呢，四姐妹一起长大对她也是一个坏处，有着姐姐们的呵护，使得她的情商不高，对感情的独立感受也晚于其他人。所以，在当时，她觉得自己年纪还小，完全没有打开过自己感情的门，她不是一个感情开放的女孩。所以，当沈从文接二连三地解剖自己表达爱情的时候，她就急匆匆地回了一句“不会有这件事”。

意思是，我不会喜欢你的，你不要再痴心妄想了。

在这封谈论感情的长信里，沈从文这样给自己的病症做自我鉴定：“一个永远的笑话，她说的是‘不会有这件事’，从任何人看来也或者将说不会有这件事，我自己有时也以为不会有这件事，可是这事粘骨附肉，不会脱去，我将怎么样来安置自己，简直想不出另外方法了。一种不可救药的病，只有仰赖‘时间’这个东西了，时间把我们地位变更，或者我会忘记这人，或者这人会爱我。我有时是很清楚我自己，因为体质的不济，以及过去生活的放肆，性情特别坏，是已经极不适宜于同女人周旋了的。”

每一次失败都会让沈从文自卑地想到自己的出身，是一个从农村出来的，没有学历的人，他躺在过去的伤口上，抚摸着自己柔弱而可怜的命运，总觉得不论他如何努力，生命中总有一些地方正慢慢腐烂。

他真是苦恼极了。

之二　春暖花不开

沈从文有一篇小说，叫作《春天》，从未发表过，直接收入到《沈从文子集》里出版，而后又被收入到《沈从文全集》第六卷。

这篇小说用近乎摄像的方式记录了自己得不到张兆和回应的悲伤。是的，悲伤。

他在一九三〇年三月十八日给王际真的信里这样写了："因为生自己的气，仿佛不甘心与世界离开，又不愿与生活讲和，凡是一个男子应做的事我总不做，仅仅关到房门摔家伙生气，到把所有一点好东西毁坏完事时，力气用尽，需要哭了。一个快到三十岁的人，成天就这样过日子，说起来也真是奇怪的事！"

在小说《春天》里，他也写了这样的细节："他到后走到墙边把镜取下来照了一会，望到一双发红的失神的向内陷落的眼睛，引起了新的愤怒，毫无思索地把镜子向另外一个墙角掼去，一种发脆的似乎有埋怨神气的声音在房中响了，发怒的他很软弱地坐到一张椅子上去，望到破镜所在的屋角发痴。"

他的这一举动将隔壁房间正睡觉的同事惊醒了，那人在小木床上翻身的声音提醒了沈从文，他只好将手里正准备摔碎的一个古瓷瓶放回到了桌子上。

大概是放学的时间，门外有敲门声，开门，却是他的两个学生。两个女孩子，来向他讨教写作的事情的，大概是考古系的，想要选沈从文的写作课。两个女孩子进了沈从文的房间，看到的场景是到处乱扔的图书杂志，摔碎了却并没有收拾的碗和墨水瓶。两个女孩子相视一笑，像是窥到了老师的隐私一般。

在小说里，沈从文问两个女孩子为何要选他的课来上，其中一个女生说："我读过先生的 ××，还读过 ×××，我想学做小说。"另一个女生说："我要知道现在的多一点，因为我们是活到现在的世界上。"

沈从文本来是想劝两个女生随便上一些课，多学学穿衣服的办法，多学学化妆打扮的方法，然后找个男生谈恋爱，谈到一定火候，就结婚去好了。但是这样的话，却并没有机会说出来。

这样的内容在一九三〇年三月十八日致王际真的信里也写到过："写信时来了五个学生，三男二女，问我怎么样写文章。我看了一会儿这些春天里发红的脸，告他们应当好好地去玩，譬如恋爱，就去太阳下谈，去发现，试验，做一点荒唐事情，总仍然不相信样子，逼到我开书目一纸走去了。"

这情形跟小说《春天》写的几乎就是同一天的事情。

小说里也这样交代，两个女孩子正在和沈从文说话的时候，门房送来了几封信件。沈从文一边看信，一边和两个女孩子聊天。甚至还给她两个推荐了不少书。

在小说里，沈从文还问两个女孩，到底是春天好还是秋天好，女孩不约而同地回答说春天好，因为春天有花。

可是，春天的这朵花就叫作张兆和，正关着心里的门，不对沈从文开放，所以，他才会天天摔自己的东西，甚至对生活充满了灰暗的情绪。

门房送来的信很多，第一封信是一个朋友的日常生活的信。第二封信呢，是一个旧朋友的感谢信，感谢沈从文早些时候帮助过他一些银钱。第三封信呢，是一个陌生的女读者来信，自然是喜欢沈从文的文章，才写来的信。甚至还在信的末尾写明了自己的身份，大抵是说自己长得如何好看吧。沈从文看完信以后非常生气，觉得自己被她们误解了，觉得她们在信里所施予的感情是对自己的同情。

这其实是因为当时沈从文被张兆和拒绝后的情感变形的想象结果。读者的来信未必有他理解的那些意思，或者人家只是当时读了某一个片断，于自己的心有了共鸣，来表达一下自己真诚的喜欢。却不料想，被沈从文误读。沈从文一边读，一边又往自己的孤独上靠，生了气，就将这信顺手撕碎了。

沈从文先是给一个男的回了信，写完了回信觉得只给男的回仿佛有些不平衡，便也给北京的女读者回了一信。但是，写完了以后，又觉得这信回复得挺无聊的。又不愿意寄了，将信随手扔到了抽屉里。

这样的事情在现实生活中他也是做了不少的，后来，他曾经以《废邮存底》为题目发表了一组没有寄出的信件。

《春天》里写了这样一个细节，非常耐人寻味：

“正到这个时节房间起了第三次的响声，人虽走到门边，却不作声，不想即刻开门。就听到外面一个女子声音，问茶房，× 先生是不是在房子里。那校役像正从小盹中惊醒，满身不高兴的神气从那小房间走过来，代那女生扣门。本来想除去扣绊的他，忽然又感到这校役讨厌，坚持到冷静，毫无声息的站到门边。因为门始终不开，就听到那女人同茶房，嘱把一样东西交付 × 先生，随即走下楼去了。

“听到女人已下过楼梯以后，开了门的他，从旧梦还未完全清楚的茶房手中，攫了那一个小包，又砰地把门掩上了。

“刚才来的那是先前来的女人中那年轻的一位，是像有意避开了同伴特来交给他这篇文章，而另外还隐藏了一个提起使人红脸的动机的。他一面把那文章摊开念过题目，一面即想到了这女人来此的那点勇气或傻气，又听到楼梯有人走动，且声音拍子非常熟习，还想着‘这莫非又是另外一个的来临’，谁知这人又在同茶房说话了，她说她将拿回去，等一会儿再送来。这意思就是好像将留下的一个机会到这房中再作一次勾留。他仍然没有开门，听茶房如何答复。茶房的话在房里的他没有听到明白，大约是说及东西已交给了 × 先生那样一句话，可是女人竟不作声，又走去了。”

这一段文字虽然介绍得有些隐约，但大概可以推测，女孩子送给沈从文看的所谓的文章，不过是一篇示好的情书。那女孩第一次送来以后，觉得大概自己的情书里写得太露骨，又或者是太隐晦了，她想拿回去再改一改，是太急着表达，没有措辞好，想再修改一下，好打动沈从文吧。

总之，沈从文理解了这女孩的来意，所以，心里很是开心了一下，但还是把信扔到了抽屉里，不看了。

虽然很开心，但也只是证明自己还是有一点价值的，所谓的开心不过是针对自己长时间被张兆和冷淡的自我安慰。

所以，一想到张兆和的名字，他仿佛马上清醒了。即使是有女孩来自己的房间送情书，也不能让张兆和知道啊，不然，他又该如何继续示好于她呢。

又加上，他流鼻血，却被一个好事的同事发现，那同事又在学校里传说了他一番，说他失恋了，所以自残。这惹得不少他的学生来参观，甚至还有一些其他系的学生，也跑到沈从文所住的楼上来偷窥。

在《春天》里，沈从文流鼻血这事还引起了学校教务长的关注，他带着学校的医生前来沈从文的房间，将沈从文房间的窗格子打破了，强行进入了，然后，在沈从文不明所以的情形下，将他送到了校医务室。

这个时候，看到沈从文进了校医院的学生们又开始到处传说他的事情，不外乎是因为感情的失败而自杀什么的。

总之，《春天》里关于流鼻血住院，甚至在学校贴出告示告诫学生们不许到沈从文所住的楼上去偷窥的事情，应该是虚构，是小说情节。

而沈从文因为失恋以后，流了鼻血，在学校里引起一些猜测，这大概是有可能的。

他给学生写情书的事情，女生们是有不少人知道的，再然后传播出去的话，那么，这个初次到讲台上说不出话的传奇老师，又一次成为传奇人物。

这篇小说创作的时间为一九三〇年三月，却一直没有发表过，想来也是过于纪录他真实的生活的缘故。如果真的发表了，可能会伤害到他的一些同事，或者给他写情书的那个女生。所以，他存了文稿，一直没有发表。

当然，最为重要的是，他并没有放弃张兆和。

之三　在王华莲女士面前哭泣

傍晚时分，大雨漫无边际，沈从文站在窗子前听了一会儿雨声，没有听出喜悦。节奏太乱了，这点滴的敲窗声，像几面已经破烂的鼓。沈从文叹息一声，又趴回书桌前，将给王际真的信写完。

这是一九三〇年六月二十六日，他接续写了半年的情书，差不多，将自己内心里储藏的甜言蜜语都用尽了，却仍然没有打动张兆和。这种灰暗和泄气让他长时间呼吸不畅。

在书信里，沈从文继续给王际真写他情感生活的委屈："今年来我简直是胡混，因为身体不济事，一面似乎不能忘记女人，要女人却不按照女人所欢喜的去做一个男子，把自己陷到最可羞的情形里去。近来连九妹也使我容易生气，以为是一切已经用不着哥哥，要离开哥哥。我打算了许久，若不变更生活，我将在这原有位置上腐坏，所以我宁忍受无事可做的困难，不再同学校接近。若是我能因这女人苦两年，我也正以在此等行为上多得一点教训。"

在这封信里，他告诉王际真，他要半个月以内离开中国公学，并告诉他以后再写信可以先寄到四马路新月书店代转。

然而，要离开上海了，感情上的伤疤结了撕撕了又结，这期间几多煎熬。所以，沈从文不想再这样燃烧自己了。

六月二十八日，他给胡适写了一封信，告诉胡适自己准备离开上海。

第二天又去了胡适家里拜访胡适，胡适听老师传说了沈从文的事情，关切地问他的感情生活，沈从文自然是如实相告。胡适当场就表示，如果是张兆和的家里人不同意他们交往的话，他可以从中出力。然而，显然，沈从文和张兆和的感情关系还没有发展到可以劳动胡适的时候。

六月三十日，沈从文打听到了张兆和关系最要好的女同学王华莲的家，告诉王华莲他想要离开中国公学，另谋生活。谈话的内容很隐约，他是想要多问问张兆和的事情的，却不知从何说起，就只是让王华莲转告张兆和知道。

晚上回到住处，觉得有很多话都没有和王华莲说清楚，有些失眠。第二天中午又去找王华莲，这次，他又改了主意，说，原本是要最近离开的，但是有了些变化，暑期的课还是要上完。说还要晚几天离开上海。说完这些内容呢，就想要打听张兆和的事情，但一想到张兆和他自己就觉得窘迫，觉得说不出口，思想呢，也短路。就邀请王华莲晚上的时候，能到自己的住处一趟。

七月一日这天晚上，沈从文一直在住处等着王华莲来，但一直没有等到，大概王华莲有别的事耽搁了。所以，等不到王华莲的沈从文，当天夜里给王华莲写了一封长信。

信的开头，第一句就问王华莲，张兆和过去和别的什么人好过没有。沈从文想从王华莲那里知道，张兆和是不是因为心里面有了别人，放不下那段感情，才不理会自己。

他在信里是非常理直气壮的，他觉得自己有资格打探张兆和的感情生活，因为他爱她，甚至，他因为爱张兆和而得不到回应，伤心得都要离开了。

他在信里这样写他的热烈：“因为爱她，我这半年来把生活全毁了，一件事不能作。我只打算走到远处去，一面是她可以安静读书，一面是我免得苦恼。我还想当真去打一仗死了，省得把纠葛永远不清。不过这近于小孩子的想象，现在是不会再做去的。现在我要等候两年，尽我的人事。我因为明白你是最可信托的朋友，所以这件事即或先不知道，这时来知道也非常好。我已告诉BC（张兆和），因为恐怕使她难过，不写信给她了。可是如果她能有机会把她意思弄明白一点，不要我爱她，就告诉我，要我爱她，也告诉我，使我好决定‘在此’或‘他去’。我想这事是应当如此处置好一点的。”

在这封信里，沈从文反复说过几次的意旨是，他爱张兆和，是一种不能自禁的感情，但他虽然爱她，却并不想惹张兆和厌烦。他想知道张兆和对他的感情是怎样的，是允许他继续这样爱着呢，还是不希望他继续骚扰。

这封信的原信已经遗失，现存的信是被张兆和抄在自己的日记里的。而一同抄在日记里的，还有王华莲写给她的信。

然而，一九三〇年七月二日大雨，上午的时候，王华莲被大雨堵在了家里。沈从文呢，则在雨水小点的时候，一直候在中国公学的大门口等着王华莲，这一等就是一天。直到傍晚时分，雨停了，王华莲才来到中国公学和沈从文见面。

见面的过程，王华莲仔细地在信里介绍了。王华莲仿佛能感觉出张兆和对情书的反应是冷漠的，所以，在信里对沈从文有一丝嘲讽。沈从文对她说，因为了解了王华莲是最忠于朋友的一个人，所以有事情想托她问。王华莲对张兆和说，既然沈先生知道我是最忠于朋友的，就应该明白，如果他的写情书的行为对我的朋友不利的话，我是不会帮他的。王华莲有些不明白沈从文是如何想的。

沈从文等王华莲看完了他给王华莲的信以后，问她是不是知道他喜欢张兆和的事情。

王华莲自然是知道的。

沈从文以为是张兆和主动和她说的，谁料想却不是，只是有一次茶房给张兆和送信，说了一句是沈先生的信，被王华莲听到了。张兆和看完了信，王华莲说想看，张兆和便递给了她。

沈从文总想着从王华莲的口中听到张兆和对他的评价，或者对他写情书给张兆和的看法。所以追着王华莲问，之后，张兆和有没有和她细说过这件事情。

王华莲便说，她和张兆和今年不同宿舍，课也选得不尽相同，很少一起上课，而且，两个人的宿舍里的人都不熟悉，没有机会深谈这件事情。

沈从文有些不信，说，一次都没有和你说起过情书的事情吗？

王华莲便说，张兆和之前收到过很多男孩子写的情书，所以，对于她收到情书这样的事情，她倒是不感觉到稀奇。

沈从文想知道学生们包括张兆和如何评价他自己的。王华莲说，以前我们私下里喜欢先生的课，是赞赏的，但自从沈从文写了信，张兆和便不再说起沈从文，她便也不知道了。

沈从文给张兆和的信里大概是反复问过张兆和的意见，如果张兆和不喜欢他，不想和他纠缠了，那么，就请将他的信还给他。

然而，张兆和一直没有还他的信，而且也不做任何回复，所以，这搞得沈从文焦虑不已。

他当着王华莲的面，说："她既不爱我，为什么又不把我的信还我呢？我已经说明了，要解决这个纠纷，最好的办法是把我的信还我。"说完以后，觉得委屈，又或者是自己的投入没有回应，太悲伤了，竟然大哭了起来。

王华莲手忙脚乱，只能安慰沈从文，将张兆和以前恋爱的旧事说一点给他听："不过，我所知道的，以以往的为例，像这样的信，有时竟一连来几十封，她都置之不理，终于隐灭了。我最清楚知道的有一个国民政府派出留学日本的，因友人的介绍，张兆和曾与他通过两三封信，及至那人提出希求，兆和又照例地不理，一直纠缠了两年多，到去年，那人的最后一封沉痛决绝的信来了，又有他朋友同乡之来向兆和设法，她也是给他一个不理，那件事到了去年暑假也就告了一个结束了。我想这回事大概她也以为沉默是较好的办法。"

王华莲想以此告诉沈从文，不回复，可能也是怕沈从文尴尬。

然而，沈从文却在王华莲面前哭泣不止。

他说了他之所以不离开中国公学的原因，是因为胡适劝他不要走，要他留在这里，等着张兆和毕业，要让张兆和多了解他，多理解他，这样才能有好的发展。

沈从文对王华莲说："我也晓得她现在不感到生活的痛苦，也许将来她会要我，我愿意等她，等她老了，到三十岁。"

王华莲自然是劝他不要等的，因为时光是有限的。

沈从文又回到了张兆和不还他信件的话题上，沈从文说："她若果把信还我，我现在的生活一定不是这样子，一定有个改变，也许更努力做人，也许堕落，就人情所能做到的多是属于自堕一方面，因为没有心情来做人了。讲到这里，我愿大家都沉默过下去，也许好一点。但是像这样的沉默，使我心悬空的难过，倒不如告诉了我，使我掉下来，跌碎了也好。假使她说爱我，我能为她而努力做更伟大一些的事。"

王华莲顺着沈从文的话说，希望他努力工作，使得事业更成功一些，这样对爱情自然也是更容易成功的。

然而，沈从文却并不回应她。

这天晚上，沈从文用真诚的对张兆和的爱作为依据，对王华莲所做的陈述，在王华莲看来并不理智。甚至觉得沈从文这种单方面的喜欢，已经到了病态的地步。所以，她并不打算帮助沈从文，尽管在沈从文面前，她是这样说的："好，我愿尽我的力量去得知 BC（张兆和）对你的态度来告诉你。不过写信一层，隔膜太大了，尤其是词不达意的我，更说不清了。"

沈从文同意，等到开学的时候，再来找王华莲，当面听她转述张兆和的意见。

事实上，让王华莲下定了决心，不帮助沈从文的缘由，是因为沈从文不但哭得痛心，而且还说了很多威胁张兆和的话，不过是自杀啊，杀人啊一系列的话。觉得自己得不到张兆和的爱，活着没有意思了，想要自杀，或者去打仗被打死啊，总之是一系列让对方产生不安的阴暗心理。

所以王华莲在信里央告张兆和也要和自己的姐姐们商量一下，要如何应付这样男子的骚扰，并请她在七号或者八号到上海来一趟，见面商定对付沈从文纠缠的办法。王华莲的建议大抵是这样的："把沈从文给你所有的信件，连同这一封，一道带来！我把我替你的计划告诉你，我觉得我这计划很好，非此行不可。我以为趁早解决的好，似此拖延下去，既非沈从文的福利，更不是你的福利。以后更大的纠缠发生，谁能堪此？"

王华莲还让张兆和将她写的这封信也一并带来还给她，因为她害怕以后沈从文知道她写信的内容后报复她。她这样写："我来帮忙，万一被他知道我不单不替他帮忙，反为你设法来解脱这事，他岂不将由怨你而恨我？恨我的难堪，你能替我设想吗？"

信写完了，怕张兆和不郑重地对待她信里所说的计划，又补充了几句，说："他说的恐吓话竟是使人听着感到卑鄙，他用又硬又软的手段来说恐吓话，也许是要叫我传给你听的。在他以为恐吓是能以助爱的滋长的。兆和，你怕不怕？若你因怕而爱他，或不为条件的爱他也好。若坚决不爱他，而永无爱他的一日，你来，我替你解决，包不至于对你有较大的不利。"

王华莲的这封信，将她个人的性格淋漓呈现，她是一个颇有些仗义的女孩，对朋友真可谓是两肋插刀了。

而沈从文还指望着她能帮着自己说服张兆和，能和自己恋爱一番，他怎么也想不到，在背后帮着张兆和出谋略应付他的人，就是他委托的人。

这件事情最好玩的地方在于，后来，沈从文和张兆和不但恋爱了，而且还结了婚，而这段沈从文的痛哭史和王华莲的破坏史则永远成了一段笑话。

之四　心不定

张兆和对沈从文的印象不好，可能缘起于她第一次听沈从文的课。

一九二九年九月初，沈从文第一次登上讲台给张兆和们上课，因为从未有过这样的经验，看到台下面黑压压的全是人，一时间惊慌，便将要讲的内容全忘记了，脑中一片空白，就那样站在讲台上一直不知道说什么好，一下子过了十分钟，他才转过身来，在黑板上写了一句荒诞而幼稚的话：我第一次上课，见你们人多，怕了。

这一下惹得哄堂大笑。自然，在这同学们的嘲笑中，沈从文的这种乡下人进城市的怯懦的模样便一下刻印在张兆和的脑海里。

好在，沈从文的课总是有意思的，一些年轻人很快被沈从文所准备的一些有关文学的内容吸引，对沈从文在背后的嘲笑才渐渐少了。

一九三〇年二月十七日，中国公学的新学期开始，从这个学期开始，沈从文开始给张兆和写情书。

关于张兆和收到的沈从文的第一封情书，一九八八年时，张允和曾经写过一篇回忆文字，名字叫作《从第一封信到第一封信》，写到了这第一封情书："有一天，三妹忽然接到一封薄薄的信。拆开来看，才知道是沈从文老师的信。第一句话：'不知道为什么我忽然爱上了你？'当然，三妹没有复信。接着第二封、第三封信，要是从邮局寄信，都得超重。据三妹说，原封不动退回。第四封以后的信，没听见三妹说什么，我们也不便过问，但是知道三妹没有复信，可能保存得相当周密。"

一九二七年秋季，张兆和和二姐张允和同时考上中国公学。张兆和呢，是运动健将，女子篮球队的队长，在中国公学，男同学热爱给女生们取外号，其中张兆和的外号叫"黑凤"。张允和一直认为是沈从文给起的。因为，她记得的外号叫"黑牡丹"。

张兆和模样好，学习也好，自然有不少欢喜她的人。有人写情书呢，她便会将这些情书收起来，编上号码，置之不理。

但是像沈从文这样痴狂的写情书的老师，她还是头一次遇到。然而，心动的爱情，她之前并未遇到过，所以，她自己有些疑惑，甚至觉得荒唐，好笑。

一九三〇年七月四日，收到好友王华莲的长信之后，她第一次开始思考"爱"这个字眼。在那天的日记里，张兆和这样思考着："我来这世界上快廿年了……我也不是个漠然无情的木石，这十年中，母亲的死，中学良师的走，都曾使我落下大滴的眼泪过，强烈的欺凌，贫富阶级的不平，也曾使我胸中燃烧着愤怒的斗争之火，透出同情反抗的叹息过；在月夜，星晨，风朝，雨夕中，我也会随着境地的不同，心中感到悲凉，凄怆，烦恼……各种不同的情绪。但那也不过是感到罢了，却不曾因此做出一首动人的诗来，或暗示我做出一桩惊人的事来。可是我是一个庸庸的女孩，我不懂得什么叫爱——那诗人小说家在书中低回悱恻赞美着的爱！以我的一双肉眼，我在我环境中翻看着，偶然在父母，姊妹，朋友间，我感到了刹那间类似所谓爱的存在，但那只是刹那的，有如电光之一闪，爱的一现之后，又是雨暴风狂雷鸣霾布的愁惨可怖的世界了。我一直怀疑着这爱字的存在，可是，经了他们严厉的驳难（尤其是允）后，我又糊涂了，虽然她们所见的爱的存在的理由，也正如我一样，只是片面的。如果不是这两年来大学的男女同学经验，我简直不知道除了我所怀疑的那许多爱以外，还有我以前一直意想不到的一种爱。”

这种以前一直意想不到的爱，在沈从文看来是中毒，他中了张兆和的毒，不能自我解毒，总是希望张兆和能做自己的药，救了自己。而在张兆和看来，却是一种痴狂和疯癫。

一九三〇年七月六日，张兆和又收到沈从文一封情书，依旧是那样子，那样子让她难堪。她在当天的日记里这样写：“六号，又接到一封没有署名的S先生（沈从文）的来信。没头没脑的，真叫人难受！我决定八号到上海。”

八号这天，张兆和瞒着家里的人独自去上海，因为和二姐张允和关系较为亲密，她只告诉了她。

到上海北站，远远地，便瞧到前来接她的王华莲。两个人在车站旁边的广东饭馆食了些东西，便开始往王华莲家走，然而，王华莲的住处大约较拥挤，不便谈话。便又找到了王华莲的表妹家，借着表妹的亭子间，闩上了门。王华莲便又细细地将她给张兆和信里没有说清的话又说了一遍。

关于沈从文恐吓张兆和的话，大概是这样的，沈从文对王华莲说，如果张兆和不答应和他恋爱，那么他会走两条路，一条路是刻苦自己，使自己向上，渡过这样的难关。但多半是要走另一条路的，另一条路是什么呢？沈从文说，另一条路也分为两条分支，一个是自杀，另一个呢，就是，要出一口气的。

张兆和听了王华莲的转述，大概明白了沈从文的威胁，沈从文最坏的那条路，大概是要和她同归于尽的。这一下加深了她自己的反叛心理，她明白地告诉王华莲，如果沈从文要和她同归于尽，她也是不怕的。

王华莲倒是不担心沈从文会偏激到这种地步，说是看着他痛哭的样子，也应该是一个怕死的人。她担心沈从文会造张兆和的谣言，在背后诋毁她，毁坏张兆和的名誉，这样的话，即使他和张兆和的恋爱谈不成，那么，别的男人见了张兆和也会躲着的。这不是让他可以出一口气吗？王华莲主要是担心沈从文会说张兆和的坏话。

张兆和倒也是想看看沈从文喜欢自己是不是真的，如果真的恋爱不成，就造自己的谣，不让其他男人来靠近的话，倒也是证明了他的真心。

这可真是幼稚的女孩子的心理，王华莲见说不动张兆和，便想着沈从文要张兆和将书信还给他的话。

王华莲和沈从文见面时，沈从文说，现在知道他给张兆和写情书的，除了王华莲，还有胡适校长。所以，王华莲让张兆和一定要找一下胡适校长，先要将事情的前后细碎都讲给胡适听，然后呢，她还让张兆和将那捆情书一下全都给胡适，让胡适还给沈从文。这样的话，沈从文即使是以后再要造张兆和的谣言，也会对胡适有所顾忌，可能就会从此不了了之。

不能不说，王华莲的办法是一个十分周全的方案。然而，张兆和大概从内心里对沈从文的甜言蜜语也生出了一些犹豫不决，她不想让胡适将那些情书还给沈从文，一个真心喜欢自己的人，如果被他熟悉的人知道了他的不堪处，岂不是以后让他没有办法做人了。如果真的照着王华莲的话去做了，说不好会将本来性格软弱的人激怒了，反而会坏了事情。

半下午的时候，张兆和还是到了极司菲尔路的一个小巷中，胡适的家。然而，胡适的家中正有客人，胡适猜出她是张兆和，要她等到六点钟的时候再去找他。

六点钟的时候，再去，家里便安静了，只有当时中国公学的学生罗尔纲在帮胡适的孩子辅导功课。张兆和便和胡适说了沈从文的事情。

胡适显然并不知道张兆和对沈从文的观点，他赞美沈从文是小说的天才，是中国小说家最有希望的人物之一。胡适对沈从文的赞美倒不是单纯地为了给张兆和好印象，在他的日记里，也多次赞美过沈从文的。然而，张兆和当即便对胡适说明了她的态度，胡适反复地强调沈从文固执地喜欢张兆和，而张兆和则回复胡适说她固执地不喜欢沈从文。

胡适劝张兆和说，沈从文是难得的天才，社会因为有了这样的天才，才让普通人有了敬仰的对象，所以，人人都应该帮助他这样的天才，使他有更好的发展。胡适甚至劝张兆和沈从文做普通的朋友，先相互通信交流着，然后等理解了他之后，再做最后的决定。可是张兆和婉言谢绝了胡适的提议。在日记里，张兆和这样记录这一段对话："他问我能否做沈一个朋友，我说这本来没甚关系，可是沈非其他人可比，做朋友仍然会一直误解下去的，误解不打紧，纠纷却不会完结了。"

张兆和也说了将沈从文的信件还给他的事情，胡适说，可以不还的，但要写一封信说明，只是把这些信当作一个纪念，一个经验。他还对张兆和说，他会写信劝劝沈从文的。

从胡适家里出来，已是夜晚。留宿在王华莲家里，又和王华莲说起了胡适的话，以及如何应对沈从文的事。说了很多的话，一边说话，一边又在思想里加工给沈从文的信。

第二天凌晨起来，便给沈从文写信，写好了，觉得在上海寄给沈从文不妥，决定带回到苏州寄，这样，好让沈从文知道，她在苏州做了决定。

然而，大概是信里的一些措辞过于绝情了，又或者是写完信以后，自己的内心颇有些动摇，说不好是怎样复杂的一种情绪。

张兆和的日记，一九三〇年七月九日只记了一句：回苏，S的信寄出了。七月十日这天，只有三个字：心不定。

从七月四日接到王华莲的信起，到七月十日给沈从文的绝情书寄出第二天，已经整整一周了，这一周的时间，张兆和长大了许多。

以前从未对感情进行过这么长时间的思考，更没有与任何人说起过自己的感情。然而，这一次，她和王华莲，和胡适，甚至在书信里和沈从文，无不谈起爱情这个字眼。这个字眼在这一段时间几乎像一粒药丸，将她本来简单的思想搅得混浊了，又或者治愈了她长久以来对感情的简单化处理。

从给沈从文写回信的那一刻开始，张兆和已经不再是之前的张家三小姐了，她已经是被沈从文的痴狂湿润的“三三”，尽管她写的是一封谢绝交往的绝情书，但是，在她的内心里，某粒种子突然就萌了芽，只是她自己并不知道，这种子会长成整个春天的模样。

所以，回完信以后的第二天，她胡乱思想了很长时间，久久地翻着沈从文给她的信件，心里有一股绝望升出来，一会儿内心清澈，仿佛方向是明确的，一会儿呢，又觉得内心模糊一片，不知道到底要做什么事，才能转移注意力，才能将沈从文这三个字从眼前抹掉。

总之，她第一次为感情的事情乱了神，是啊，感情的事情，一旦内心不定，必然会被对方攻破。

爱情，本就和战争一样。沈从文的箭仿佛已经射穿了张兆和的防线。

之五　辩论

从胡适家里出来，回到王华莲那里，自然是讨论了一番该如何写信措辞，来拒绝沈从文。这是七月八日晚上的事情。而七月九日，张兆和回到苏州，并将写好的绝情书信寄给了沈从文。同一日，沈从文从王华莲那里得到了张兆和的态度。大约是悲伤到了极点，竟然由一开始追求张兆和的狂热，变为了放手时的淡泊。

他给张兆和写了一封短信，字比平时的书信用的字要大九倍，仿佛只有将这些字写得大一些，才能将他对张兆和的感情排遣出去。甚至在信的开头，破例称张兆和为“兆和小姐”。

这称呼显然是要故意生疏的姿势。

信里，沈从文说他尊重张兆和顽固的决定，并承诺以后不再做让张兆和感觉难堪的事情了。他甚至还劝慰张兆和，如果去见胡适的时候，听到让她不开心的话，也不要过于在意，胡适也只是好心。

但是现在他已经明白了张兆和的心思，所以，在信里，沈从文格外的冷静，他这样写：“我是并不想胡先生或其他方面来挽救我的失败的，我也并不因为胡先生的鼓励就走所谓的极端。我分上是惨败，我将拿着这东西去刻苦做人。我将用着这教训去好好地活，也更应当好好地去爱你……我希望一些未来的日子带我到另一个方向上去，太阳下发生的事，风或可以吹散。因爱你，我并不去打算我的生活，在这些上面学点经验，我或者能在将来做一个比较强硬一点的人也未可知。”

七月十一日，看到沈从文这可怜的认输信，张兆和心里稍有一些轻松，却也多少有一丝内疚。晚上的时候，她将信给二姐张允和看了。当天晚上，她和姐姐辩论了很长时间。张兆和对人活在这个世界上两性关系的纯洁是悲观的，多不过是相互利用的关系。她很想举例子说沈从文对她的喜欢，可能是单纯的，没有利用的，但是，张兆和并不喜欢沈从文。虽然不喜欢他，可是，看到他一天一天地为着自己的小悲喜而起伏不定，甚至痛哭流涕，便也觉得悲伤。甚至也觉得他是动人的，是让人觉得可以放心的男人。可是，一有这样的感觉，不就是被沈从文的可怜利用了吗？如果是不喜欢他，为何还要被他的这种施爱所感动呢。

她大概也举例了关于孩子对父母亲的孝顺，是啊，张兆和的母亲去世得早，此时，她的母亲是继母。

张允和虽然只长了张兆和一岁，却比她情商更健全一些，她又是旁观者，所以，她劝张兆和对爱或者被爱要宽容一些。她的观点是，人和人之间不全是利用关系。如果是利用的关系，那么，沈从文应该要去利用她或者她们的父亲，而不是和他们完全没有关系的胡适，更不是暗地里搞爱情破坏的王华莲。

两个人关于人性中悲观与积极的内容穷尽了自己的认知，相互说服，却又不能自圆其说。具体的内容，张兆和并没有记清楚。在那天的日记里，张兆和末了写一句：“月光泻了一地。”

这抒情的句子，仿佛是已经释放完毕后的愉悦，甚至还有一种说不清的欢喜。

月光，这是和爱情离得最近的词语了吧，这两个字在唐诗宋词里，差不多和约会同义。

七月十四日，收到了王华莲的信，信里主要是转来了沈从文给张兆和的信，以及一封胡适写给沈从文的信。

沈从文的信也同样写于七月九日，大概是交给胡适的，想让胡适先生转给张兆和的。然而，胡适没有张兆和的苏州地址，便将沈从文的信又交给了王华莲，让王华莲代转。大概胡适交给王华莲沈从文信件的时候，也将自己写给沈从文的一封信，一并交由王华莲代转了。

所以王华莲特地抄了一份给张兆和。

沈从文一定是收到了王华莲转给他的胡适的信，才知道了胡适并未找到张兆和的地址。当时沈从文该有多焦急呢，急急地问到了张兆和的地址，便将同样意思的信又写了一遍。

要胡适代转给张兆和的信意思接近，只是更直白了一些：“兆和小姐：感谢你的知会，由王处见到了。我所说分内的东西，就是爱你的完全失败，明白了，毫没有什么奇怪的。目下虽不免在人情上难过，有所苦痛，我希望我能学做一个男子，爱你却不再来麻烦你，你不必把我当成他们一群，来浪费你的同情了。互相在顽固中生存，我总是爱你你总是不爱我，能够这样也仍然是很好的事。我若快乐一点便可以使你不负疚，以后总是极力去学做个快乐的人。”

对这两封前后相似的“不再打扰祝你幸福”信，张兆和的评价只有两个字——“强硬”。自然是说沈从文的态度。其实，旁观者如我们，现在来重读，哪来的强硬啊？没有，是沈从文完全放下了自己，既然爱你让你难堪，那么，我便不再爱你，或者我只在内心里偷偷地爱你，不再让你知道我爱。又或者，在信里还承诺，如果我过得快乐，你会不再内疚，我就去坚强一些，争取快乐一些。

天啊，这种将自己剁成了肉酱抹在饼子上，还问对方是不是剁得太碎了的可怜，已经让我们觉得悲伤了。

感情的事情有时候也无法进行尺度测量，张兆和读出来的不是柔软和体贴，而是强硬。这自然缘自她天生的骄傲。是啊，她的家世，她在姐妹中的表现，以及进入大学后，时常被甜蜜词语形容的环境。她不仅不自知，还习惯性地为自己的某些表态，找到更为心安理得的依据。

和姐姐的辩论已经是一次自我说服的实习了。那么，她看到王华莲抄的胡适写给沈从文的信，也是在日记里和胡适辩论了一番的。

胡适给沈从文写的信是这样：“从文兄，张女士前天来过了。她说的话和你所知道的大致相同。我对她说的话，也没有什么勉强她的意思。我的观察是，这个女子不能了解你，更不能了解你的爱，你错用情了。我那天说过，‘爱情不过是人生的一件事（说爱是人生唯一的事，乃是妄人之言），我们要经得起成功，更要经得起失败’。你千万要挣扎，不要让一个小女子夸口说她曾碎了沈从文的心。我看你给她的信中有‘把我当成他们一群的话’。此话使我感慨。那天我劝她不妨和你通信，她说，若对个个人都这样办，我一天还有工夫读书吗？我听了怃然。此人年太轻，生活经验太少，故把一切对她表示爱情的人都看作他们一类，故能拒人自喜。你也不过是个个人之一而已。暑期校事，你已允许凌先生，不要使她太为难，最好能把这六星期教完了。有别的机会时，我当代为留意。给她的信，我不知她的住址，故仍还你。你若知道她的住址，请告我，我也许写一封信给她。有什么困苦，请告我。新月款我当代转知。适之，十九，七，十夜。”

读完胡适致沈从文的信，张兆和觉得胡适是不懂得她的，她的观点是，如果是两情相悦，自然是没有问题的。而胡适之前和她见面聊天时所谈及的意思是，只因为沈是一个天才，便要她能接受他，这是万万不可的。而这个时候，张兆和根据自己的意志来决定不和沈从文恋爱，胡适便断定张兆和年纪太轻了，生活太无经验了。张兆和便觉得不服气，总觉得胡适是以偏概全了。

其实，胡适在致沈从文的信里所说的张兆和的没有经验，并不是完全指责，而是说她过于不懂珍惜别人的感情。这就像一个珍珠到了泥土里，被裹上了泥泞一样，捡到它的人不识得这珍珠的可贵。胡适是可怜沈从文的这颗珍珠的光泽在张兆和这里被蒙了尘。不过呢，张兆和却从胡适的信里看到了胡适对自己的判断：此人太年轻，生活经验太少，故把一切对她表示爱情的人都看作他们一类，故能拒人自喜。其实胡适所描述的重点是在于他对人际关系的理解是宽容的模糊的，他觉得即使张兆和并不喜欢沈从文，但是作为一个有着共同爱好（她选了沈从文的课，自然也是喜欢文学的）的人，也可以在拒绝亲密交往的前提下，以普通的友人待他。而不是横竖不分地一脚踹走。这样的话，如果错过一个最适合自己的人又该如何是好。显然，胡适是觉得她的没有生活经验，是清高过度了，不懂得人世间的事情都是模糊的，不那么容易区分的。

虽觉得胡适误解了自己，但如果沈从文能因这样的判断而清醒过来，不再纠缠自己，从间接的角度，胡适还是替自己解了围。所以，从这个角度考虑，张兆和倒是感谢胡适的。

然而，七月十四这一天，张兆和又收到了沈从文寄来的六页纸长的一封信，这一次，她被沈从文信里的温度给融化了一些。她动心了。

之六　为难

爱一个人，若是得不到回应。是一种什么样的病症呢？需要什么样的解药才能医治呢？经历过的人事和情感训练会不会对自己有所帮助呢？学识和见识在爱情中到底有没有正面的作用及意义呢？爱情中的理智的高度和深度究竟是多少呢？

沈从文几乎用化学试验的方式一一体味了恋爱的病症。有一天上午，他近乎绝望，无力，觉得身上冷。给王际真写一封回信，想说说自己失恋的痛，可是如何说起呢？

口舌里全是苦涩，没有味觉，连感觉也迟钝得很。想写一段感受，写了个开头，觉得是没有能描述出自己心里的苦，又扯掉了。

如此这般了两回，才将信写完。在信里，他简略地概述了他的失败："近来为女人感到纠纷，十分可怜，在此候结果，可是每一天皆在昏瞀中度过，要振作也振作不来。想想在世界上各处一些对我特别好的朋友，便像猫的样子哭了。理智救不了感情的下降，看到自己陷落却无可攀援脱离烦恼，女人却脸儿为太阳晒得黑黑的，不作一声走了。我是自己也想象不出会在一个这样女人面前受苦的。或者这仍然是一种病，这病稍过一阵，就会告痊。我愿意为这些事死了好一点，因为有时抵抗不来非常苦恼。"

这显然是煎熬的症状，夜深时想起张兆和对自己的不欢喜，不免会长长地坐在月光里发呆，觉得活着的意义是轻飘的，是没有意义的。于是，就想自我治疗这病症。从哪里入手呢，想着，给张兆和的情书，终是自己付出感情的一些个证据，如果从她那里要回来，烧掉，看着自己的感情，一点点成为灰烬，可能心里会好受一些。就仿佛一种对过去的告别仪式一般。

然而，他给王华莲写信，又托她给张兆和问话的结果，仍然是，没有退回信，亦不同意和自己交往。

这期间，沈从文由一个作家的沈从文退化成智商为零的失意男子，也由一个大学教师退化成情商接近于零的情感流浪者。

因为爱情的失败，他设想过不同的方式使自己渡过这个难关。比如自杀，这是用最为极端的自残方式来结束自己思想认知上的连续失意。这种方式简单有效，却完全没有考虑过个体与社会的关系，在产生这一想法的瞬间，母亲肯定是消失了，九妹也不存在，写作的意义为零。但是，自杀像夜晚的电灯开关，关掉的一瞬间，房间陷入黑暗里，但不一会儿，月光便借着风和窗子进来，光是提醒，是开启理智的一个线索。

强迫张兆和和自己恋爱。这一点，沈从文也不是没有想过，甚至都向着王华莲说出来过，如果张兆和拒绝了我，那么，我可能会做一些事情让她后悔，总是要出这一口气的。然而，回到住处，离王华莲和张兆和远了，头脑的温度降低，沈从文一点点地找到了逻辑，找到了感情的起点。自己喜欢张兆和，不就是希望给她幸福吗，如果自己喜欢她，她却并不幸福，那么，为何要强迫她呢？

那么，就放弃吧，装作理智又坚强的形象，在她的面前扮演一个知道进退的人，该如何措辞呢，应该写得冷漠一些，省得张兆和误解自己还没有死心吧。

就是这样，一九三〇年的七月初，沈从文扮演了数十个不同版本的自己，一会儿理智，一会儿激动，一会儿卑劣，一会儿高尚，一会儿细腻，一会儿粗犷，一会儿安静，一会儿浮躁……有很长一段时间，沈从文觉得自己是陌生的，他找不到自己了，因为一场恋爱，他觉得自己丢了。

收到胡适和张兆和的信以后，沈从文又难过了一天，他大概调动了他所有的经验，知道自己现在陷入在一种自己不能控制的情感里，但是，他回想自己经历的几段爱情，被骗的初恋，给黄玉书代写情书的日子，以及做胡也频和丁玲爱情顾问的时光。

又，他认识了徐志摩以后，对徐志摩感情史的了解也增长了自己对爱情的理解。

他的确调动了自己关于感情的所有认知，想要说服自己，摆脱当下的某种阴暗的情绪。要做的事情还有很多，中国公学暑假的课要上，而且，要上的课并不是他最擅长的，是要讲诗歌的。

他最终还是没有冷静地处理这感情，他写写停停，又给张兆和写了一封长信。

这是一九三〇年七月十二日的信，这封信的原件已经遗失，大部分内容被张兆和抄在了日记里，得以留存。这真是一篇关于爱情，或者是关于全身心投入爱一个人的绝美的宣言，是对自己感情的梳理和挖掘，是对爱恋的歌颂。

在这封信里，沈从文引用了法国作家莫泊桑的话：“爱不到人并不是失败，因为爱人并不因人的态度而有所变更方向，顽固执着，不算失败的。”

是啊，这句话几乎是唤醒了沈从文，这句话同时也扩大了沈从文对爱情狭窄的理解，在看到这句话之前，沈从文要死要活的，想要张兆和还他的信件，他好消灭爱情的证据，以减轻自己的耻辱感。然而，这句话补充了他，让他的视野打开了，让他明白，爱一个人，即使对方不回应，也没有关系，因为付出爱的人，是因为所爱的对象打动了自己，才爱上的，并不是因为对方热爱自己才爱的。即使对方并不回应自己，但自己对她的爱不应该有所变化，不然的话，如何能证明你这爱情是单纯的，是热烈的和顽固的呢。

沈从文被莫泊桑救了，从一个狭窄的爱情观念里走了出来。他在信里开始便说：“我要请你放心，不要以为我还在执迷中，做出使你不安的行为，或者在失意中，做出使你更不安的堕落行为。我在这件事上并不为失败而伤心。”

有了这样的打开，沈从文仿佛看到了在时间不远处静坐的自己。是的，他丢失了自己的原因是因为心迷了路，往一个狭窄的胡同里越走越远，现在呢，他慢慢地回到了出发的地点，又一次发现了自己。

他向张兆和坦白，对她的爱情已经到了可以为她去死的地步。

他承认自己这样想有些愚蠢，但是这愚蠢却是不由自主的。他无法举更为夸张的例子向张兆和证明自己的愚蠢或者痴狂，只是安静地告诉张兆和：你到了一定时候，爱上了一个人，你就会明白我为什么这么愚蠢。你也会明白，别人眼里所说的不值得，所感受到的荒唐可笑处，在当事人你的眼里都是可以牺牲的，奋不顾身的。

他的信写得太美了，像一篇爱的圣经一般，有这一段，将张兆和打动了："每次见到你，我心上就发生一种哀愁，在感觉上总不免有全部生命奉献而无所取偿的奴性自觉，人格完全失去，自尊也消失无余。明明白白从此中得到是一种痛苦，却也极珍视这痛苦来源，我所谓'顽固'，也就是这无法解脱的宿命的粘恋。一个病人在窗边见到日光与虹，想保留它而不可能，却在窗上刻画一些记号，这愚笨而又可怜的行为，若能体会得出，则一个在你面前的人，写不出一封措辞恰当的信，也是自然的道理。我留到这里，在我眼中如虹如日的你，使我无从禁止自己倾心是当然的。我害怕我的不能节制的唠叨，以及别人的蜚语，会损害你的心境和平，所以我的离开这里，也仍然是我爱你，极力求这爱成为善意的设计。若果你觉得我这话是真实，我离开这里虽是痛苦，也学到要去快乐了。"

这样哀伤而又温暖的情书，即使是铁石的心肠也会被暖热的。

果然，读到这里，张兆和控制不了自己情绪，夜已经深了，却忍不住写了日记记下了当时自己的感动："这最后的一封六纸长函，是如何地影响到我！看了他这信，不管他的热情是真挚的，还是用文字装点的，我总像是我自己做错了一件什么事因而陷他人于不幸中的难过。我满想写一封信去安慰他，叫他不要因此忧伤，告诉他我虽然不能爱他，但他这不顾一切的爱，却深深地感动了我，在我离开这个世界以前，在我心灵有一天知觉的时候，我总会记着，记着这世上有一个人，他为了我把生活的均衡失去，他为了我，舍弃了安定的生活而去在伤心中刻苦自己。顽固的我说不爱他便不爱他了，但他究竟是个好心肠人，我是永远为他祝福着的。”

张兆和本来是想要写一封回信的，告诉沈从文自己的感受，让他知道自己是感动了的，好让沈从文得了这样的消息能快些好起来。但她转念一想，与其自己写信安慰他，却又不能喜欢他，让他在期盼与煎熬中反复挣扎，还不如不回复他，让他自己早一些能回头，找到属于他的女孩。

在日记里，张兆和也设想过，明确地告诉他不喜欢他，但是可以坦荡地与他做普通朋友。甚至，在知道沈从文喜欢自己的情况下，和他做朋友，也未尝不可。但是，社会不会允许他们有正常温度的友谊，除了流言之外，她自己也很担心沈从文会借着机会重新燃烧起来，又将爱情的箭不停地射向她。

在寄给沈从文的绝交信里，张兆和大约是和沈从文道了歉意，并说明自己不懂得爱情，不值得沈从文如此在意。

而沈从文在这封长函里，专门解释了自己的单方面的热情，并要张兆和不必歉意。他这样写道：“你不要向我抱歉，也不必有所负疚，因为若果你觉得这是要你道歉的事，我爱你而你不爱我，影响到一切，那恐怕在你死去前或我死去以前，你这道歉的一笔债是永远记在账上的。在人事上别的可以博爱，而爱情上自私或许可以存在。不要说现在不懂爱你才不爱，也不要我爱，就是懂了爱的将来，你也还应当去爱你那所需要的或竟至伸手而得不到的人，才算是你尽了做人的权利。我现在是打算到你将来也不会要我爱的，不过，这并不动摇我对你的倾心，所以我还是因这点点片面的倾心，去活着下来，且为着记到世界上有我永远倾心的人在，我一定要努力切实做个人的。”

读到这里，张兆和落泪了，因为难过。她不知道为什么爱情会这样将一个人变得痴拙。她甚至也不相信自己有如此的魔力，会让一个优秀的老师，一个作家，神魂颠倒，她恨自己不能生出爱他的能力，觉得自己使一个善良的男人伤心，却使不上力气，难过得流泪。

这场持续了半年的恋爱，也改变了张兆和很多。沈从文的情书满足了她部分对恋爱的窥视欲望，这也是她不还信件的原因之一，总觉得，放在那里，有朝一日，或者会成为一个恋爱事件的标本。

同时呢，因为和沈从文纠缠的烦恼，以及和王华莲、二姐的探讨，都帮助她打开了对固定生活的思路。

虽然只有半年的时间，她觉得自己已经变得沉稳成熟了，不再是那个当初一接到沈从文的情书就轻蔑嘲讽的浅薄女子了。

是啊，爱自己的人，不论他是什么样子的人，都是上天对自己的恩赐。

在七月十五日的日记的结尾，张兆和这样反思爱情：“从文是这样一个有热血心肠的人，他呈了全副的心去爱一个女子，这女子知道他是好人，知道他爱得热诚，知道他在失恋后将会怎样的苦闷，知道……她实在是比什么人都知道得清楚，但是她不爱他，是谁个安排了这样不近情理的事，叫人人看了摇头？实在她心目中也并没有个理想的人物，恋爱也真奇怪，活像一副机关，碰巧一下子碰上机关，你就被关在恋爱的圈笼里面，你没有碰上机关，便走进去也会走出来的。就是单只恋爱一件事上，这世界上也不知布了几多机网，年轻的人们随时有落网之虞；不过这个落网却被人认为幸福的就是，不幸的却是进去了又走出来的人。我要寄语退出网外的人，世界上这样网罗正多着，你拣着你欢喜的碰上去就是，终不能这样凑巧，个个凑不上机关。这样说起来似乎太近于滑稽了，然而确乎如此。”

张兆和现在有些为难，也就是说，她现在已经动摇了。她现在手里拿着一把钥匙，而沈从文就被一个机关锁在了一个圈笼里面。她知道，自己手里的钥匙可以解开沈从文的圈笼，救得他出来。但是，她害怕，自己如果开了门，会和沈从文一起陷入在这圈笼里，永远出不来。那么，她得和沈从文相爱。

她不知道该如何是好。

之七　道士梦

沈从文的那封六页长信像一块石头，在张兆和的心里掀起不小的一片波浪。她给王华莲写了信，告诉她这些天自己的所思所念。自然也是欲言又止的那种，但是，不找一个人说说，张兆和的心里会装不下这些膨胀的感情的。

她甚至觉得自己被沈从文的那封哀求的信给占满了，白天夜里，只要一闲下来，眼前便都是沈从文的样子，可怜的，又让她觉得感动的样子。

她只好给自己找活干，白天的时候，给四妹和六弟四弟补习英文，这样，时间会过得快一些。

一九三〇年七月十八日，沈从文给王际真写信，告诉他："每天房子中温度在九十度左右，毫无风来，也不出门，把门关好，生气躺在床上，想如何活下去的种种计划。想不出结果，摔打一些小东西。天气夜了，气也平了。想到振作，而终于日子过去，无法振作，是近来的我。"在这封信里，沈从文又说起他的旧疾，流鼻血，他仿佛已经总结了规律，知道秋天的时候，天气干燥，便会流鼻血。他甚至将自己流鼻血归结到自己的身体有欲火得不到发泄，在信里，他这样写："我是又要流鼻血了的，这怪病，这由于生理的无办法的病，总是要同我计划捣乱。既不能同任何女人好，也不敢去同娼妓住，结果总是一至某种时节就流鼻血。”

而在同一天夜里，张兆和在写着有关沈从文的日记：“胡先生说恋爱是人生中的一件事，说恋爱是人生中唯一的事乃妄人之言；我却以为恋爱虽非人生唯一的事，却是人生唯一重要的一件事，它能影响到人生其他的事，甚而至于整个人生，所以便有人说这是人生唯一的事。这回，我在这件恋爱事件上窥得到一点我以前所未知道的人生。”

不论如何，这一天的日记里，张兆和第一次写到沈从文对她的单方面的相思，她认为这是恋爱事件。

是啊，她何尝不是被沈从文的纠缠一点点打动了的呢？

沈从文写完这封情书以后，便投入到忘记张兆和的生活里去。一九三〇年八月一日，他给胡适的信里写到了他的生活状态：“近来这几天比过去半月想得开了一点，心想自己还是耐耐烦烦做文章读点书，积一点钱，则回家乡去住一年，莫教书也莫在都市中这样混日子，一定对我有益一点。”

果然，人失败了第一个能想到的念头是逃避，往哪里逃呢，不过是家乡。

又过了半个月，仿佛对张兆和的那种如同虫子噬咬的恋爱，正慢慢地减弱，变成了牵念。他在八月十四日给王际真的信里这样写：“我为了一个女人跌下又复爬起了，还想好好来做文章，写他十年再说。”好像消化一个失恋的痛苦，也不过是一个月的时间就足够了。当然，也不完全是自我治疗，还吃了药，仍是这天的信里，他对王际真说：“近来神经衰弱吃了一种药，有了效果，所以对于女人的苦痛少了一点。”

不过可惜的是，沈从文并没有在信里说是什么药。如果说出来药的名字，我相信被后来的读者知晓了，定然会成为治疗失恋的神药的。

八月上旬，沈从文听从徐志摩的推荐，准备去青岛大学教课。也接收了青岛大学校方寄来的盘缠。所以，他在书信里向胡适汇报了。

然而，一周后，本来计划去青岛的沈从文因为内战，火车不通，又因为前段时间的伤心，导致肺上生了些病，想去西湖边上住上几天。

但是，去杭州的费用却还没有着落，需要他卖掉一本书的版权，才能成行。

然而，书稿并没有及时卖出去，所以，杭州之行自然是泡汤了。在八月中旬的时候，沈从文也曾致信程朱溪，问他，如果青岛大学的课，他上不成，能不能帮着他在北京谋一个差事。

最终，还是徐志摩和胡适帮的忙，因为青岛大学的火车一直不通，又加上中原大战，所以，沈从文接受了徐志摩的推荐，到了陈西滢所在的武汉大学中文系教书，任助教。

然而，刚到武汉大学，他就特别失望，在一九三〇年九月十八日给胡适的信里写得非常详细："初到此地印象特坏，想不到中国内地如此吓人，街上是臭的，人是有病样子，各处有脏物如死鼠大便之类，各处是兵（又黑又瘦又脏），学校则如一团防局，看来一切皆非常可怜。住处还是一同事让出，坏到比中公外边包饭馆还不如，每天到学校去应当冒险经过一段有各样臭气的路，吃水在碗中少顷便成了黑色。到了这里，才知道中国是这样子可怕。"

不仅仅是这种恶劣的环境，还有住处也是，从美国刚留学回来的孙大雨分配的住处在一个试枪场，沈从文每天找孙大雨一起外出吃饭，不免要听一听那里试机关枪的声音。这体验十分独特，也写信告知了王际真。

倒是有一个好处，就是，武汉大学的图书馆不错，有不少的好书。这是沈从文喜欢的。他看了很多金文的书，甚至还想着将来写一本有关草书如何从篆字变化过来的。在武汉大学这半年的时间，沈从文在图书馆里泡着的时间很多，这也为他以后能从事考古研究打下了兴趣和基础。

因为只是一个助教，不论是住处，还是报酬，大约都不太好，所以沈从文对武汉大学并不留恋。他在一九三〇年十月二日致大哥沈云麓的信里这样写："我想如果到冬天，我有方便我到上海看看九（九妹），就回湘来住住，因为我教书很不高兴，当正教授我不能，当兼任教授我不欢喜，我还是要做文章。我的文章是谁也打不倒的，在任何情形下，一定还可以望它价值提起来，将来若国内平定一点，我想我的生活，也一定要如意点。现在是简直算是受压迫与冤屈的。因为我应当有许多版税都被书店苛刻侵没了。将来是可以希望一本书拿五千版税的。”

生存从来都是被迫做出选择，比如，写信的这一刻，沈从文便觉得自己还是要老老实实地写作，是正经的事情。因为助教的收入太低了，而他还要支付九妹的学费和生活费。

在武汉大学待了两个月以后，沈从文开始觉得无聊。不只是职务和薪酬上的可怜，还有孤独。他又一次想起了张兆和。在十一月五日给王际真的长信里，他几乎将自己的孤独切割成块状，给王际真看。

他对王际真说，十二月份寒假，如果他回上海看九妹，也许就不回来武汉了。他不喜欢自己在武汉大学教书的这种特殊感，一是，这个官办的学校比中国公学可能更看中资历和学历，所以，他在中国公学时从未生过的自卑，在武汉大学却时时提醒着他。让他觉得，他是靠着熟人的面子，才有机会混在这里教书的。

人一自卑，就会敏感，多疑。沈从文也是如此。他又一次写到张兆和：“因为在上海，我爱了一个女人，一个穿布衣，黑脸，平常的女人。但没有办好，我觉得生存没有味道。”

虽然他知道他的书很有一些销路，有不少的人读他的书，甚至给他写信赞美他。但他仍然觉得自己没有得到心爱的人的照顾。

他对王际真说：“我有时真愿意同一个顶平常的女人结婚。不过就是平常女人也还是不会同我在一处的，就因为我的生活同一切读书人都太不相同。我想到的、有趣味的、厌恶的，都还是一个最地道的中国农人，而都会中的女人，认了一点字，却只愿意生活是诗。我只是散文，因此再蹩脚的女子也不能同我好了。”

也因为孤单，沈从文甚至还和王际真说过要攒钱去美国的梦想，去那里做什么尚不知道，甚至连去那里做一个小丑演员，他都愿意。

沈从文的孤独感，还在于他有一种后现代主义的悲观，他知道有不少的人正在看他的小说，甚至羡慕他的经历的独特，赞美他想象力的奇妙。可是，这些人却并不知道真正的沈从文在现实生活中活得窘迫，甚至连一场恋爱也谈不了。

一想到这些，沈从文就又会将自己的碗和杯子摔碎几个，哭上一场。

他不想在武汉大学待了，但又觉得径直走了，辜负了徐志摩推荐、陈西滢聘他的友谊。所以，有些矛盾。在一九三〇年十一月二十一日致胡适的信里，他这样说：“在此承通伯（陈西滢）先生待得极好，在校无事作，常到叔华家看画，自己则日往旧书店买字帖玩。惟心情极坏，许多不长进处依然保留，故很觉自苦。若学校许可教半年解约，则明春来上海或不再返。因一切心上纠纷，常常使理知失去清明，带了病态的任性，总觉得一切皆不合式。”

两个礼拜以后，沈从文便和孙大雨一起回到了上海。将王际真由美国寄到新月书店的支票取了钱用了，因为孙大雨病了。

回到上海，自然要找胡也频和丁玲的，然而，不久，胡也频被捕，沈从文便一直忙着找人搭救胡也频。

直到胡也频被枪杀，他和丁玲还在南京求人。

胡也频死后，沈从文曾给王际真写了一封长信，除了告诉他即将送丁玲母子回湘之外，他还和王际真谈到他的一个怪诞的想法：他想去做和尚。信里是这样写的："我还作好笑打算，是我将来或者会忽然想去做和尚这件事，因为心上常常很孤单，常常不能如别人一样快乐，又不能如别人一样生活，所以我仿佛觉得我站在同人世很远很远处，一定还可以做出一点事业来。"

和尚论刚结束不久，一九三一年四月十三日致信王际真，又想做道士了："我心中常常想将来我会去做道士，因为我总是好像要一种别样生活的方法，生活的境界，在孤单里才对。时时刻刻讨厌目下生活，时时刻刻讨厌人同我自己，可是走到街上去，见一个女人都好像愿意拥抱她一下。想不到人还不上三十，心情就是那么坏，那么软，那么乖张。"

这段话显然是前后矛盾，既然想做道士，可是一见到女人却又想上去抱，自然是不合格的。

有一封信，给王际真的，从一九三一年四月十六日开始写，一下写到五月二十一日才写完。

因为徐志摩建议他到北京来，并告诉他，北京不会因他来而米贵的。所以，他决定去北京看一下。在临去北京之前，他将给王际真的信写完。

在信里，他又一次谈到了他的道士梦："你女人怎么样了？大致你还好，我是简直不行的。我只想自己做道士，只在避开女人的烦恼，做得出事来。到北京去我或者过西山住下，做不剃发的大师，生活不得同世界接近，就只一颗心与一切接近，无聊透顶了的。”

从上海到了武汉，从武汉回到上海，又从上海回到常德，从常德至武汉，再返回上海，又从上海到了北京。这是一九三〇年七月中旬沈从文寄给张兆和长信以后的路线图，这期间，去武汉大学教书，回上海搭救胡也频，以及送丁玲母子回常德。这些事情的确占去了他的一些时间，让他对张兆和的欲念渐渐淡泊。

及至他到了北京，一个人居住，夜晚的月光又一次将他的孤独洗得发亮，他的道士梦做了不久，便不做了。不久，他便给张兆和写了一封公开的情书。

之八　爱你，便做你的奴隶

一九三一年五月二十八日，沈从文抵北京，暂时住在圆明园旁边的燕京大学达园教师宿舍。

在北京的生活要忙碌一些，因为有一些熟悉的朋友要见面，最重要的，还有沉静下来，想想他的未来，是不是还和张兆和发生些关系。

他决定写一个长篇的有着重量的文章，以证明自己。六月十日，他写了一个创作计划，非常恢宏的设计，如果能完成的话，那应该是一个超时代的长篇巨著。书的名字叫作《甲辰闲话》，甲辰是沈从文曾用过的笔名。这部书的提纲是这样的："一、黄河，写黄河两岸北方民族与这一条肮脏肥沃河流所影响到的一切。二、长江，写长江中部以及上下游的革命纠纷。三、长城，写边地。四、上海，写工人与市侩对立的生活。五、北京，以北京为背景的历史的社会的综集。六、父亲，纪念我伟大抱负的爸爸。七、母亲，纪念饱经忧患的妈妈。八、我，记述我从小到大的一切。九、她，写一切在我生活中对我有过深刻影响的女人。十、故乡，故乡的民族性与风俗及特殊组织。十一、朋友，我的债主及我的朋友，如何使我生活（这是我最不应该忘记的一本书）。"

这些计划里，有三分之二的内容，沈从文以后都完成了，比如他的《从文自传》《湘西》《长河》等。唯一没有写的是《她》。

是的，因为接下来，沈从文便获得了幸福，幸福让他的视野变窄，将写作的方向也更专一地指向湘西。

中旬的时候，沈从文由达园给张兆和写了一封长信，又一次，他解剖了自己，甚至还把自己放在了温水里，煮熟了，给张兆和吃。

在这封宣布自己要做张兆和奴隶的情书里，沈从文开始便说，他想让九妹代表他去看看张兆和。甚至，他还在信里要求九妹见到张兆和的时候，脸上要有幸福的表情，因为，如果沈从文自己去的话，就是幸福的表情。

沈从文在信里坦白，离开张兆和之后，虽然他的头脑清醒了许多，但是写作却非常不顺利，反而不如当时在上海，一边爱张兆和爱得发疯，一边呢，却能清醒且轻松地写作。比如他一边给张兆和写情书一边创作的那篇小说《丈夫》。

外人并不知道沈从文创作这篇小说的背景，有不少人喜欢这篇小说，赞美沈从文，可是沈从文却并不领情，因为，他一看到这作品，便想到当时疯狂给张兆和写情书却无回应的痛苦和痴狂。这种回味多少有些电影的镜头回放的感觉，就像是一个信物一般，一有人赞美或者评价这篇小说，沈从文首先想到的不是感谢读者，而是想到自己写作时的状态，以及，在那样一个悲伤状态里和自己刻意疏远的张兆和。

沈从文读了一篇文章，大概是源自他的敏感，觉得那书里的片断特别像是说给他听的，他也抄录给张兆和看："每人都有一种奴隶的德性，故世界上才有首领这东西出现，给人尊敬崇拜。因这奴隶的德性，为每一人不可少的东西，所以不崇拜首领的人，也总得选择一种机会，低头到另一种事上去。”沈从文从这句话里想开了，知道自己为什么那么挣扎，那么努力也无法忘怀张兆和，是有缘由的。是什么原因呢，自然是他对张兆和的爱的奴隶性。

沈从文希望张兆和如今再听他说起爱她这样的字眼能不难过，甚至希望她当作一种过去的美好的回忆就好了。至于他自己现在仍然放不下她的原因，是因为这崇拜她的感情仍然在他的心里住着，并未消失。

在信里，沈从文这样写道：“我还要说，你那个奴隶，为了他自己，为了别人起见，也努力想脱离羁绊过。当然这事做不到，因为不是一件容易事情。为了使你感到窘迫，使你觉得负疚，我以为很不好。我曾做过可笑的努力，极力去同另外一些人要好，到别人崇拜我愿意做我的奴隶时，我才明白，我不是一个首领，用不着别的女人用奴隶的心来服侍我，却愿意自己做奴隶，献上自己的心，给我所爱的人。我说我很顽固地爱你，这种话到现在还不能用别的话来代替，就因为这是我的奴性。”

如果说这封情书比以前的情书还有一些让张兆和觉得欣喜的地方的话，那就是，这封信里有了撒娇，有了徐志摩和陆小曼情书的甜牛奶味道。

沈从文有的是耐心对着喜欢的女人说爱，说欢喜，说在意，说赞美。他求张兆和允许他来赞美她。沈从文耍赖地说，我们常见一些人对着太阳说太阳真好，月亮真漂亮，上帝谢谢你。他反问张兆和，你见过太阳、月亮和上帝对着喜欢赞美他们的人说过“我偏不喜欢你”吗？

自然是没有的，因为月光和太阳都只是遥远的一种存在，并没有和人类说过话。

沈从文爱张兆和，觉得张兆和美丽，善良，甚至温暖，所以，他觉得张兆和的好便是资本，是统领世界的资本。他写道：“一切可称赞的，使人倾心的，都像天生就是这个世界的主人，他们管领一切，统治一切，都看得极其自然，毫不勉强。一个好人当然也就有权力使人倾倒，使人移易哀乐，变更性情，而自己却生存到一个高高的王座上，不必做任何声明。……一个月亮可不是这样的，一个月亮不拘听到任何人赞美，不拘这赞美如何不得体，如何不恰当，它不拒绝这些从心中涌出的呼喊。兆和，你是我的月亮。你能听一个并不十分聪明的人，用各样声音，各样言语，向你说出各样的感想，而这感想却因为你的存在，如一个光明，照耀到我的生活里而起的，你不觉得这也是生存里一件有趣味的事吗？”

爱情真的可以让人变成诗人，心跳加速时的一些闪烁的念头，湿润而多情，正如沈从文给张兆和写信时的状态，写信时的沈从文已经脱离了平时的状态，此时的沈从文，一会儿将自己从内心里剥离，到几米远的地方看着自己，用近乎慈悲的眼睛看着正在写信的自己，一会儿呢，又从那旁观的状态里回到自己的身体里来，浓郁的感情随着对张兆和的呼唤喷薄而出。他觉得，张兆和的存在，让他的时间过得快了，一转眼的时间，便过去了一周，一转眼又过去了一个月，一转眼便过去了一年。

是啊，他爱张兆和已经一年半了，这一年半的时间过得真快啊，他感觉自己都已经老了，而张兆和却一点儿也没有变化。

沈从文读过一句诗："一个女子在诗人的诗中，永远不会老去，而诗人，他自己却老去了。"

沈从文便想到了自己，张兆和在他的情书里，永远是那样青春，而他呢，却有一夕忽老的感觉。他便觉得忧伤，人生活在世界上，时间是这么的少，而相爱的人却又不能好好地相互拥抱，他甚至还想到了另外的人，比如不是他，而是另外的人，喜欢上了张兆和，经历过这一番折腾，仍然被拒绝的话，肯定便是放弃了，去找另外的女人去了。可是，人世间这样一份真挚的感情，不就消失不见了吗，所以，他又觉得自己的执着是珍贵的。

在情书里，他这样写道："在同一人事上，第二次的凑巧是不会有的。我生平只看过一回满月。我也安慰自己过，我说，'我行过许多地方的桥，我看过许多次数的云，喝过许多种类的酒，却只爱过一个正当最好年龄的人。我应当为自己庆幸……'"

这段话被各种各样的印刷品印在封面上，是沈从文爱张兆和的一个宣言，这是诗句，是飘在时间上面的爱情。只有全身心投入的爱情才会生产出这些句子来。这样的句子是掌管爱情的神灵，看到痴情的人如此投入，而馈赠的赠品。

沈从文自然有资格得到它，作为一个作家，他本身对语言的选择是乡土气息浓郁的，然而，因为张兆和，他收获了另外的词语资源。关于爱情，关于灵魂，关于孤独和开阔的视野……

为了了解自己对张兆和的感情是不是真的爱情，沈从文看了很多的书，有一阵子，他甚至怀疑自己长时间想念一个女人而不能工作是一种病。他终于找到了一个法国心理医生关于爱情的理论，他欣喜极了，那种叫作爱情的病，不就是在说他吗？然而，那医生说的却并不是一个个案，而是所有的人，所有投入到爱情中的人，都有这样的症状："譬如想到所爱的一个人的时候，血就流动得快了许多，全身就发热作寒，听到旁人提到这人的名字，就似乎十分害怕，又十分快乐……'爱'解作一种病的名称，是一个法国心理学者的发明，那病的现象，大致就是上述所及的。"

病人患了病，却并不好好地治病，在信里面，却还要装心理医生，不停地给张兆和开出不同的药方来。比如，他劝说张兆和最好不要长大，不要得这种病，这样就会幸福。又比如，他还宽慰张兆和，一个爱她的人是不会为难她的，只想着她能好好的。哪怕是十年过去了，张兆和变成了大学里的教授，甚至是某个男人的老婆，孩子的母亲，他依然会一如既往地喜欢她，爱她，只是，到了那个时候，再见面，会是什么样子呢？

沈从文没有办法往未来的时空里走动，所以，他无法知道，不久后，他便可以娶到张兆和。

沈从文的性格懦弱，他自己形容说是芦苇，沈从文对张兆和说，我的生命是芦苇，风一吹就可能会弯腰，然而，我的爱你的心却是磐石，风吹不动，雨淋不透。

信的末尾，沈从文写了他自己做的梦，梦到了他飞了起来，飞到了空中，看到许多星星，那星星就是张兆和的眼睛。甚至，他还恳求张兆和，允许他在梦里亲吻她的脚，他这样写："兆和，莫生我的气，许我在梦里，用嘴吻你的脚，我的自卑处，是觉得如一个奴隶蹲到地下用嘴接近你的脚，也近于十分亵渎了你的。"

仿佛，他的这种哀伤而示弱的方式，比起以前的那种要死要活的发誓更有效果一些。他的信也是中国文学史上的一种收获。这种天然的文学，因为张兆和而生出来的誓言，都如同诗句一般，滋润了张兆和这只凤凰，也如同春风一般，打开了张兆和这只凤凰的翅膀。

沈从文，这个爱情病人，这个奴隶，这个被风吹弯的芦苇，终于用一个爱情的宣言感动了张兆和。

之九　甜酒

一九三一年九月，沈从文因为徐志摩的推荐，到了青岛大学任教。然而，十一月十九日，徐志摩飞机失事，沈从文又一次陷入失去朋友的伤情里，他几乎立即出门买车票去徐志摩的失事地点，并为此前后忙碌数月，连爱情也很少思及了。

一九三一年十二月五日给王际真的信里这样描述他的情绪："今年来，我死了四个顶熟的人（分别是父亲、张采真、胡也频和徐志摩），还有两个月未完事！国内的水灾，奉天的战事，熟人的死，把头脑搅得十分糊涂，所以下半年来一篇文章也没有写好，且照此情形看来，简直不会再写什么文章。在这时节才似乎明白自己真蠢。"

然而，沈从文给张兆和的情书却并没有停，终于，在一九三二年的春天，他浇灌的那棵爱情树发出一朵近乎虚构的芽。一九三二年二月末尾的一天，沈从文给王际真的信里谈到了张兆和的回信："三年来因为一个女子，把我变得懒惰不可救药，什么事都做不好，什么事都不想做。人家要我等十年再回一句话，我就预备等十年。有什么办法，一个乡下人看这样的事永远是看不清楚的！或者是我的错了，或者是她的错了，支持这日子明是一种可笑的错误，但乡下人气分（疑为质）的我，明知是错误，也仍然把日子打发走了。"

这是张兆和第一次在回信里有了正面而积极的暗示，虽然回复的内容接近考验和耍赖，但即使是这样，沈从文仍然决定依照张兆和的无理要求，计划等她十年，看看她到底能不能答应喜欢自己。

十年，这自然是一个女人对爱情的犹豫不决，然而，这犹豫对沈从文来说也是雨水般湿润的欢喜。比较之前张兆和对胡适所言的“顽固地不爱他”，这简直是花开十里了。

这年夏天，张兆和从中国公学毕业。沈从文写了信给她，要去苏州看她。张兆和自然是没有拒绝的。只是在沈从文来到苏州的那天，张兆和却避开了，去图书馆看书。

张兆和的二姐张允和在那篇著名的《半个字的电报》一文里详细地记录了沈从文来访的情形。

“那是一九三二年一个夏天的早晨，约莫十点左右，太阳照在苏州九如巷的半边街道上。石库门框黑漆大门外，来了一个文文绉绉、秀秀气气的身穿灰色长衫的青年人，脸上戴着一副近视眼镜。他说姓沈，从青岛来的，要找张兆和。我家看门的吉老头说：‘三小姐不在家，请您进来等她吧。’这个客人一听，不但不进门，反而倒退到大门对面的墙边，站在太阳下面发愣。吉老头抱歉地说：‘您莫走，我去找二小姐。’我家有个大小姐，常常不在家。我这二小姐成了八个妹妹和弟弟的头儿。一听呼唤，我‘得得’地下了‘绣楼’，走到大门口。认出是沈从文，我说：‘沈先生，三妹到公园图书馆看书去了，一会儿回来。请进来，屋里坐。’他一听我这样说，现出不知所措的样子，吞吞吐吐地说出三个字：‘我走吧！’他这话好像对我说，又好像对他自己说。我很快把话儿转个弯：‘太阳下面怪热的，请到这边阴凉地方来。’可是他岿然不动。我无可奈何，只好说：‘那么，请把您的住处留下吧。’他结结巴巴地告诉我他的住处是个旅馆。天哪，我想这完了！三妹怎么会到旅馆里去看他呢？他转过身，低着头，沿着墙，在半条有太阳的街上走着。灰色长衫的影子在墙上移动。三妹回来吃午饭。我怪她：‘明明知道沈从文今天来，你上图书馆，躲他，假装用功！’三妹不服气：‘谁知道他这个时候来？我不是天天去图书馆吗？’我说：‘别说了，吃完饭，马上去。他是老师么？’我告诉她旅馆名称和房间号数。三妹吃了一惊：‘旅馆？我不去！’沈从文在吴淞中国公学教书时，三妹是他的学生。‘老师远道来看学生，学生不去回访，这不对。’我说。三妹只是摇头。我为她左思右想，也想不出好办法。就说：‘还是要去，大大方方地去。来而不往，非礼也。究竟是远道来的老师呀！’三妹不得不同意。她问我：‘怎样开口呢？’我说：‘你可以说，我家有好多个小弟弟，很好玩，请到我家去。’三妹说：‘好，听你的。’她终于去了。去了不到一小时，三妹同沈从文来到我家。三妹让五个弟弟轮流陪伴沈先生。沈从文善于讲故事，孩子们听得入迷。听得最起劲的是最小的小五弟。故事一直讲到小主人们被叫去睡觉为止。我呢，不做臭萝卜干，早托词走开了。这是沈从文第一次在我家做客。几天后，回到他当时教书的青岛大学。次年，由于沈从文的介绍，三妹也到青岛大学图书馆工作了。”

张兆和的四妹张充和是位才女，曾于一九八〇年写过一篇《三姐夫沈二哥》，关于沈从文第一次家访张兆和的情景，与二姐允和略有出入。她写道："有一天，九如巷三号的大门堂中，站了个苍白脸戴眼镜羞涩的客人，说是由青岛来的，姓沈，来看张兆和的。家中并没有一人认识他，他来以前，亦并未通知三姐。三姐当时在公园图书馆看书。他以为三姐有意不见他，正在进退无策之际，二姐允和出来了。问清了，原来是沈从文。他写了很多信给三姐，大家早都知道。于是二姐便请他到家中坐，说：'三妹看书去了，不久就回来，你进来坐坐等着。'他怎么也不肯，坚持回到已定好房间的中央饭店去了。二姐从小见义勇为，更爱成人之美，至今仍是如此。等三姐回来，二姐便劝她去看沈二哥。"

显然，这两段回忆文字的出入，一是张兆和知道沈从文那天要来，一是不知。而二姐允和本就和张兆和在中国公学是同学，又加上知道沈从文追求张兆和的事情，所以，她的回忆文字更为接近事实真相一些。

这次，沈从文到苏州来，给张兆和带的礼物是一包图书，包括托尔斯泰、陀思妥耶夫斯基、屠格涅夫等人的著作。而这些图书的目录，是在上海的时候，巴金帮着选的。

而在此前不久，他还在给友人程朱溪的信里诉说他关于爱情的伤怀："朱溪，真难受，那个拉琴的女子，还占据到我的生活上，什么事也做不了。一个光明的印象，照耀到记忆里时，使人目眩心烦，我不明白我应当如何来保护自己，才可以方便一点……让我们留下一个年轻人的笑话，到老年时节来作为娱乐，我告你，见了那个女人，我就只想用口去贴到她所践踏的土地，或者这是一个不值得如此倾心的人，不过我自己，这时却更无价值可言，因为我只觉得别人存在，把自己全忘掉了。”

不过，在这封无助的诉说情衷的信件里，沈从文还求程朱溪不要对外人说，以免他人笑话他在这恋爱时节的一个又一个的小念头，以及小痴狂。

暑假探望时，张家二姐的厚待是对沈从文极好的鼓励。是啊，一个完全陌生的家族，如果喜欢的女人的家里人，没有一个是好脸色，这会让性格本懦弱的沈从文望而却步的。而二姐允和的积极撮合，让沈从文觉得欣慰，毕竟，这一次，张兆和不仅到了旅馆来找自己，还到他们家里吃了饭。甚至呢，张家的第五个男孩子张寰和喜欢沈从文，他从自己积攒的零用钱里拿了钱去买了一瓶汽水来招待沈从文。虽然只是一个孩子的招待，但这也让沈从文有了获得这家人一票支持的归属感。他答应，要专门给张寰和写一些故事看。他后来所写的一篇《月下小景》系列文字，后面都附着一行小字：给张小五。

有了这样一个去张家看望张兆和的经历后，沈从文仿佛自信了些。

到了寒假的时候，沈从文又是第一时间跑到了苏州去看张兆和。这一次，因为熟悉了张兆和的姐妹和弟弟们，他有了表演的兴致了。

晚饭后，他便开始讲他自传里所写到的苗乡见闻录。就着一盆炭火，在冬夜，为了爱情，他该如何表现自己呢？沈从文的表演几乎有些过了头了。一开始，大家对他所讲的故事很是喜欢。怎么样猎野猪？那山上林里的描述是沈从文最为擅长，听他讲起来，就好像大家一起去了现场一般。坐船出远路时，路过一片激流时，船如何通过呢，又是一个科普的教育。等到他开始学鸟的各种叫声，甚至夜晚狼的叫声时，家里的几个小弟弟，兴奋得跟着他学。这时候，沈从文真的已经融进了张兆和的家里，成了一个准女婿了。然而也正因为大家的掌声，让沈从文对他自己的讲述有了误判，直到夜深了，大家都困顿得不行了，他也不停歇，不断地坐下站起，学着各种动作。等到他发现，小孩子有人偷偷溜走睡觉时，他还大声去叫喊着，让他们不能睡，听他讲的故事。

哈哈，张兆和瞌睡得眼睛都睁不开了，却还不好意思一个人先去睡。热情过了头，便成了对大家的折磨，而沈从文却浑然不觉。

好在他并不是每天晚上都如此热衷于讲故事，大家便放心了。

这一次的见面，沈从文对张兆和无微不至的关怀，或者打动了她，又或者，张兆和已经喜欢上不时地看到沈从文的书信。总之，这种靠日积月累的自我虚构建立起来的爱情，在开始的时候，总是比日常生活的男女多一些甜蜜。

这个寒假，沈从文和张兆和一起到了上海，拜见了张兆和的父亲和继母。沈从文呢，和张兆和的父亲相谈甚洽，几乎，张兆和的家人，好像都知道了张兆和的故事，都支持这个三年如一日的痴情男人。

张充和在《三姐夫沈二哥》一文这样描述她们的父亲："爸爸既是脑筋开明，对儿女教育，亦让其自由发展。儿女婚姻恋爱，他从不干涉，不过问。你告诉他，他笑嘻嘻地接受，绝不会去查问对方如何如何，更不要说门户了。记得有一位'芳邻'曾遣媒来向爸爸求我家大姐，爸爸哈哈一笑说：'儿女婚事，他们自理，与我无干。'从此，便无人向我家提亲事。"

既然父亲同意，家里人又待沈从文甚亲热。沈从文觉得是时候说说婚姻的事了。

本来他是要等着十年以后呢，但看来，爱情有时候会让时间软化，不是常常有人说，一日不见如隔三秋吗？这十年的时间，在恋爱中的男女来看，不过是三四日不能相见的光景。

沈从文回到青岛，便给张兆和写了一封信。在信里，他想请二姐张允和做他和张兆和的媒人，正式向张兆和的父亲和继母提亲。在信里，他对张兆和说，如果父亲同意了，就给他发一个电报，让他这个乡下人，喝杯甜酒吧。可不是，在之前，张兆和给沈从文的，不正是一杯又一杯的苦酒吗。只是，他把这些苦酒并没有完全喝下去自己消化，而是变成了各种抒情，要么写成了小说发表，要么写成了信件，给胡适、徐志摩、王际真等人诉苦，才不至于被张兆和的苦酒伤了任督二脉。

张兆和此时已经对沈从文有了好感，说不好是什么样的心理造成了她的转变。可能是觉得自己被一个人那么珍惜的感激吧，又或者说，她被沈从文的一封又一封情书叫醒，她在沈从文的情书里一点点看到一个男人的正直品性，甚至有担当，不失理智的种种可爱处。她对沈从文之前的不美好处，在这些信件的描述里一点点被擦掉。慢慢地，沈从文的书信成为她最盼望的一件事，甚至，这个人也已经住在了自己的内心里，成为她想什么事情时的一个意见。

正是因为这样的变化，她决定和沈从文共同奔赴一个关于爱情的练习场。她知道这是一个冒险的行为，但她信任沈从文，她觉得沈从文对她的爱足以让她从高楼上跳下来也摔不着，沈从文会在下面安全地接着她的。

张兆和让二姐回复沈从文，说是爸爸妈妈同意了他们两个的恋爱关系。

张允和呢，是个心思浪漫的人。她在一九八八年创作的一篇回忆沈从文的文字《半个字的电报》里，写到了发送这封电报的情形："那时打电报，讲究用文言，不用大白话。电报要字少、意达、省钱。苏州只有一处电报局，远在阊门外。我家住在城中心，坐人力车要拐拐弯弯走好长的路。我在人力车上想，电报怎么打。想到电报末尾要具名。我的名字'允'字不就是'同意'的意思吗？进了电报局，我递上电报稿'山东青岛大学沈从文允'。我准备了一番话给报务员做解释。想不到报务员匆匆一看，就收下了电报稿，没有问什么。我得意扬扬地转回家门，告诉三妹，这一个'允'字，一当两用，既表示婚事'允'了，也署了我的名字'允'。这就是

‘半个字’的电报。当时三妹听了不做声，她心中有些不放心，万一沈从文看不明白呢？她悄悄地一人坐人力车再到阊门电报局，递上了她的用白话写的电报稿：‘乡下人喝杯甜酒吧兆’。报务员看了电报稿，觉得很奇怪！密码？不收！报务员要三妹改写文言，三妹不肯。三妹涨红了脸，说这是喜事电报，说了半天，报务员才勉强收下。三妹的白话电报里，居然有一个‘吧’字，这在当时真是别开生面。”

是啊。沈从文这个乡下人，用自己在讲台上长时间讲不出话来的尴尬作为第一次见张兆和的窘迫的见面礼。又用一种近乎奴隶的祈求作为向张兆和求爱的开始。他尝遍了恋爱的苦痛。但终于，一九三三年二月，沈从文接到了张兆和用电报发来的一杯甜酒。他高兴得要跳起来，长达三年的情书，那些甜言蜜语，如果种在地里，都能接出成千上万个瓜果了吧。这杯迟来的甜酒，让沈从文醉了。

相信，接到电报的那天晚上，沈从文定然喝酒庆祝，他也一定能体会到，恋爱如果成功了，同样是一杯酒，酒的味道是会变甜的。

张兆和也很快接到了沈从文的信，要她到青岛大学工作。不久，张兆和到了青岛大学图书馆工作。

张兆和与沈龙朱、沈虎雏
1938 年于北平

沈从文与张兆和
1933 年于青岛

之十　婚：媳妇是自己的好

沈从文的幸福时光要从一九三三年计算起。

查一九三二年沈从文的书信，一年间只存了八封信，且信里满是沮丧的情绪。在这一年二月底给王际真的信里说：“近来文章是简直也不必再写了的。寄来那本《虎雏》多坏！越写只是越坏，鬼知道，女人有多大能耐，因为痴痴地想一个女人，就会把自己变到这样愚蠢。”

在此之前，仅在给王际真的信里，已经流鼻血、哭泣、发誓好多回了。他爱上了自己的学生张兆和，而恰好，张兆和并未看上他。

在情书里发誓、示弱、自杀、哭泣不止。不得不说，沈从文是一个幼稚且坚持的人。又或者，温柔而多情的情书，对于任何一个女人，都是一把直抵心扉的钥匙。幸福往往属于那个绝望了也不愿意放弃的人。

一九三三年八月二十四日，在致大哥沈云麓的信里，沈从文完全变成了另外一个人。他在信里写道：“结婚以后兆和每日可过北大上课，我则每日当过杨家编书，这编书工作，报酬每月虽只一百五十元，较之此时去做任何事收入皆少，但所编之书，将来版权则为私有，将来收入，必有可观。并且每日工作，时间不多，欲做文章，尚有余暇，故较之在青岛尚好。近来此后天津大公报即邀弟为编副刊，因条件不合，尚未谈妥。若将来弄得成功，人必忙些，也更有趣些。近来也真稀奇，只想做事，成天做事也从不厌倦，每天饮食极多，人极精神，无事不作，同时也无一事缺少兴味，真所谓人逢喜事精神爽耶？”

连“耶”字都用了出来，实在是一改过去和王际真通信时的唉声叹气。这一年给大哥沈云麓的信达七封之多，每一封信里都满溢着这种新婚的欢喜。

一九三三年五月四日，尚在青岛的沈从文给胡适写信，羞涩地告诉他已经和张兆和订婚的消息：“多久不给您写信，好像有些不好意思似的，因为我已经订了婚。人就是在中公读书那个张家女孩子，近来也在这边作点小事，两人每次谈到过去一些日子时，总觉得应当感谢的是适之先生：‘若不是那么一个校长，怎么会请到一个那么蹩脚的先生？’”

是啊，当年沈从文初追求张兆和时，张兆和不喜欢，找到校长胡适，想让他帮着劝说沈从文，哪知胡适反复替沈从文说好话。这多少也算是做媒的意思了吧。而沈从文的这信，自然也有谢媒人的意思，只是当时尚不知是在北京结婚还是在青岛结婚，并未邀请胡适。

因为青岛大学校长杨振声辞去了校长的职务，并到了北京工作。暑假过后，沈从文也辞了职，到北京跟着杨振声编辑中小学的教科书。张兆和自然也跟着沈从文一同前往了。

七月底到达北京，先是暂住在杨振声的家中。而后不久，八月十二日，好友程朱溪代沈从文在西城府右街达子营 28 号定下了个院子，并付了七元的定金。沈从文也很看重这个院落，决定买下来，作为他和张兆和的新婚的居所。

结婚的日子是九月九日，大约也是取长长久久的意思。在八月底给沈云麓的第一封信里，沈从文说了自己手边的忙碌。首先是请人，他和张兆和均不是外向热闹的人，所以，不愿意请太多的人。一开始打算请二十个人，两桌摆了，拉倒。可是，一列名单，发现，远远不够，总有一些远亲近邻，又，总有一些在写作上帮助过沈从文的朋友。

新婚的家具置办得很有气象，在给沈云麓的信里写道："堂屋中除吃饭用小花梨木方桌外，只是四张有八条腿的凳子，及一个长条子案桌，一个茶几。房中只一床，一红木写字台，一茶几，一小朱红漆书架。客厅器具还不曾弄来，大致为沙发一套，一茶凳，一琴条，一花架，一小橱柜。书房同客厅相接，预备定制一列绕屋书架，一客床，两个小靠椅，一写字台。木器我们总尽可能用硬木，好看些也经用些……"在信里，沈从文从房间布置到院落的结构都详细地向大哥作了介绍，是想让哥哥知道，自己终于成了家，有了安身立命的地方，属于沈从文的美好的时代即将开始。

他实在要将他的幸福分享给更多的人，这样，沈从文的幸福感就会翻倍。在八月二十四日给沈云麓的信里写道："兆和人极好，待人接物使朋友得良好印象，又能读书，又知俭朴，故我觉得非常幸福。"更让沈从文开心的是，沈从文的九妹沈岳萌与张兆和四妹张充和也相处甚洽。

婚事办完以后一周，忙完了答谢以及杂事，还谈妥了去天津《大公报》编辑副刊的工作问题，九月十七日，沈从文给大哥又写信，告知婚礼办得体面，只是花费大了一些："新娘子仪表服饰皆使客人快乐，款待客人亦尚称周到。这次事情前后约用去钱一千二百元，我只有四百薪水，其余皆兆和带来并收礼所得。"

张家是大户人家，办这种排场上的事情，自然也要大方一些。但花销这么大，还是让沈从文的经济陷入紧张。虽然在信里又一次夸奖自己的媳妇懂事体面，但挣钱的事情，还是要抓紧。

一九三三年九月二十三日，由沈从文和杨振声主编的《大公报·文艺副刊》创刊，每周出两期，适周一、四出版。因为过去这些年的积累，沈从文也有了文坛的一些人脉资源，所以，稿源倒也充沛。出刊的第二天，他便给大哥写信，在信里说："此刊物每星期两次，皆知名之士及大学教授执笔，故将来希望殊大，若能支持一年，此刊物或将大影响北方文学空气，亦意中事也。"因为稿件需求量较大，所以，家里必须装一部电话，约稿方便。

此时，沈云麓在沅陵也正在建新屋装修，沈云麓写信给沈从文，要建筑类的图书，以便参考。沈从文回信说，建筑类的图书不必，但是室内装饰书一类可以帮到他。沈云麓听沈从文在信里说，认识不少名人，想要一些字画。然而，沈从文虽然认识别人，但也不过是编辑和作者的普通朋友关系，张口找名人要字画可能还是有些牵强。所以在信里大夸特夸张兆和的字写得好，并对大哥说："过些日尚可要兆和写些字来，彼写字比弟有希望，端庄秀雅，恰如其人。

妈尚未见此媳妇，若一见之，当尤欣喜也。”

这已经数不清是第几次夸奖自己的媳妇了，捡着一个宝贝，逮着机会就要让别人看一眼，就要夸奖一下。

沈云麓的房子装修，张兆和也的确是出了力的，比如沈云麓在信里写的要买的琐碎物件，有一大部分都是张兆和逛街的时候买回来的。而沈从文自己的家里，此时十二盏电灯也装好了，定做的椅子也都好了。他很兴奋地告诉大哥：式样极美。只可惜，那个时候没有电子邮件，不然，沈从文定然第一时间就拍了照，发过去。

自然，工作和生活，居家和交往，这一切的好都源自有了张兆和，一个刚刚好年纪的人。沈从文高兴得常常蹦蹦跳。幼稚了吧。不，这可是他自己说的。在一九三三年十月四日致沈云麓的信里，他写道：“兆和人极识大体，故家中空气极好，妈若见及弟等情形，必常作大笑不止，因弟自近年来处处皆显得如十三四岁时活跳，家中连唱带做，无事不快乐异常，诚意料不到之情形也。”知道大哥在家里忙，来不了北京，就又打保票，补了一句：“六弟若可来北平，当来此一视，必可得一极好印象而归。”

真是疯了。

但，还没有结束。给老大的信还在写啊。六弟沈荃病了，病得很重，还有，就是沈云麓在家里发现沈从文留下的有关丁玲夫妇的照片，所以在信里说到了。沈从文当时正好有一本《记丁玲》要出版，所以特地写信要大哥找到，寄给他。十一月，巴金到了沈从文家住了下来，一住便是两个月。那时候作家们的交往真是单纯。沈从文去世后，巴金写过一篇长文纪念，其中便写了这一段时间的生活细节。

朋友的交往，以及日常生活的开销，使得沈从文婚后的生活一直处于经济拮据中。沈从文仿佛不是一个懂得理财的人，挣了不少的钱，却还总欠着债。

一九三三年十一月十三日，他给沈云麓的信里写到了他的经济生活：“这里每月伙食用人需要七十元左右，房租、电灯、捐、挑水、倒粪需三十左右，来客坐车需五十左右，故一点薪水仅敷日常用度，报馆有一百块钱则拿去请客，另外做点文章的方是余款，估计这数目一月必有一百，故兆和算定每月为你寄五十来。若果能有多的，也自然皆寄来。”

沈荃的病原来一半是心病，是在自己的部队受了挫折。所以，沈从文写了一篇特别耐心劝慰的信件，几乎是心灵鸡汤式的说理。但是，就是这样的信里，他仍然不忘记夸奖张兆和。这是一九三三年十一月十六日给六弟沈荃的信，沈从文写道：“二嫂出自名门世家，明理懂事，又能勤学，故生活极有秩序。”

新婚一转眼就三个月过去了，工作的事情，以及答应了家里每月要按时接济的钱，都让沈从文有了动力。因为有张兆和在身边，所以，他就像写给大哥的信里说的那样：“我身体极好，心情也好，请告妈放心。这里几个人又和气又快乐，真只想你来看看。”

尽管沈云麓当时并没有看到，但沈从文写到了书信里，却被今天的我们看到，看到新婚前后忙碌而欢欣的沈从文，一个被爱情的甜酒灌醉了的沈从文。

第五辑

暖热

之一　张牵

结婚前，沈从文有一件轶事，被四妹张充和写在了《三姐夫沈二哥》这篇文章里："新居在西城达子营。小院落，有一枣一槐。正屋三间，有一厢，厢房便是沈二哥的书房兼客厅。记得他们结婚前，刚把几件东西搬进房那天夜晚，我发现有小偷在院中解网篮。便大声叫：'沈二哥，起来！有贼！'沈二哥亦叫：'大司务！有贼！'大司务亦大声答话，虚张一阵声势。及至开门赶贼，早一阵脚步，爬树上屋走了。后来发现沈二哥手中紧紧拿了件武器——牙刷。"

这段幽默的记述几乎是一段视频资料，让我们看到了一个动态的沈从文，以及，一个对于写作之外的世界完全无解的沈从文。

结婚，对于沈从文来说，并不意味着恋爱的结束。结婚是他的恋爱真正的开始。而之前追求张兆和的过程，只能用单相思来概略。

婚后三周，沈从文与杨振声主编的《大公报·文艺副刊》便出版了第一期，从此，沈从文的住处达子营28号，便成了一些文学青年出入的地方。秋天的时候，巴金受沈从文的邀请，来到了沈从文的家，住了两个月。沈从文将书房让给了巴金写作，而他自己，在天气好的情况下在院子里的树下写作《边城》，夜晚的时候，便在卧室里继续。

一九三四年一月七日，沈从文接到了母亲病危的来信。他当即买了车票，赶回湖南凤凰看望母亲。

这是沈从文与张兆和新婚后第一次分别。怎么说呢？张兆和与沈从文的结合，有一大部分的原因都是因为那一堆情书。她喜欢沈从文在信里的言说方式，耐心，夸张的涂了蜂蜜的语言，以及有些痴狂的想念。这些，在一个少女的心里，总是会生产出有关爱情的种种幻想，尤其是在冬天的寒夜里。

这一次又是如此，沈从文在这样寒冷的冬天离开北京，终于又可以给她写信了。

不仅可以在信里听他讲路上的事情，也可以在信里重新打捞沈从文对她的爱意，这爱意与日常生活中的宠爱不同，这是纸上的爱，是近乎誓言般的爱，是可以当作证据的爱，是可以反复阅读的爱。

然而，沈从文走了的第二天，张兆和便觉得生活的一半空了。原本充实的屋子，以及丰盈的内心都被沈从文的离开带走了。她第一次体会到爱情是一种融化。

第二天一大早，张兆和醒来，总觉得心跳比平时要快一些。她不懂，心跳为何比平时要快上这许多，用手摁在胸口也不顶用。猛地，她开始想念沈从文。昨天才刚刚离开啊，却觉得时间将她和沈从文分开好久了。自然，她还担心路上的安全，这担心也多缘自沈从文早些时候在信里或者闲暇时的讲述。那个时候，湖南正在打仗，有些地方，交通也不方便。要是遇上土匪呢？

张兆和便起来给沈从文写信。现存的文本里，张兆和给沈从文写的第一封信，在信里她向沈从文汇报了送他离开北京后路上的情景，沈从文的妹妹和张家四小姐张充和也一起去送站的。两个妹妹一路上开张兆和的玩笑，她们打赌，张兆和会哭的。

张兆和给沈从文写信的时候呢，两个小妹还一直在房门外够着头想看看她写了什么情话没有，惹得张兆和哭笑不得。

沈从文离开北京的第三天，张兆和又起了一个大早。睡不着。她给沈从文写信说："从文二哥：三四个月来，我从不这个时候起来，从不不梳头、不洗脸，就拿起笔来写信的。只是一个人躺到床上，想到那为火车载着愈走愈远的一个，在暗淡的灯光下，红色毛毯中露出一个白白的脸，为了那张仿佛很近实在又极远的白脸，一时无法把捉得到，心里空虚得很！因此，每一丝声息，每一个墙外行人的步履声音，敲打在心上都发生了绝大的返响，又沉闷，又空洞。因此，我就起来了。我计算着，今晚到汉口，明天到长沙，自明天起，我应该加倍担着心，一直到得到你平安到家的信息为止。"

张兆和是一个大家闺秀，有着良好的家庭教育，所以，才会注意每天早晨例行的梳洗。所以，在她的描述里，一个女人，起床后不洗漱，不梳理，垢面蓬头的，便给沈从文写信，自然是一种特别爱的表现了。

甚至呢，在内心里，张兆和仿佛就坐在沈从文的旁边，陪着他的，她不停地在内心里计算着，沈从文离开北京了，到了河北了，到了河南了，到了湖北了，到了长沙了。然而，到了长沙以后，往常德，交通就不方便了。

她担心沈从文路上受苦，在信里安慰他说："倘若当真路途中遇到什么困难，吃多少苦，受好些罪，那罪过，二哥，全数由我来承担吧。"

在这封信里，张兆和俨然一个新过门的小媳妇，在信里嘱咐着沈从文见到家里嫂嫂要表达感谢，感谢她在家里服侍母亲。还嘱咐沈从文注意母亲房间空气的流通，甚至还要沈从文问问母亲爱吃什么零食，以便她好在北京替她买了。

早晨的时候写了一封信。然而，到了晚上，发现，想说的话还有很多。显然，一封信并不能容纳下她最浓郁的思念。所以，一九三四年一月九日的晚上，张兆和又写了一封信给沈从文。

写信的时候，张兆和的窗外刮着很大的风，很冷，她便想到了沈从文在车上或者船上所受的罪，心疼不已。她写道："亲爱的二哥，你走了两天，便像过了许多日子似的。天气不好。你走后，大风也刮起来了，像是欺负人，发了狂似的到处粗暴地吼。这时候，夜间十点钟，听着树枝干间的怪声，想到你也许正下车，也许正过江，也许正紧随着一个挑行李的脚夫，默默地走那必须走的三里路。长沙的风是不是也会这么不怜悯地吼，把我二哥的身子吹成一块冰？为这风，我很发愁，就因为自己这时坐在温暖的屋子里，有了风，还把心吹得冰冷。我不知道二哥是怎么支持的。"

这种牵念关乎身体的温暖。是啊，若不离开北京，这个时候，如窗外有风，两个人自然是相拥着而坐，说些情话或者闲话的，日子就这样流水般幸福着。

爱情常常和书信关系密切，当年的徐志摩出国，在火车上和船上，给陆小曼写下的那些缠绵的情书，几乎成为痴情的代名词。鲁迅和许广平也是，郁达夫和王映霞也是。

除了这些情书，一个人远行，而另外一个留守的人，如张兆和这般牵念着新婚的男人的行程，担心着风会将他吹冷，这种种因为个人想象而生出的紧张、恍惚、心跳甚至失眠，便是传说中的爱情。是爱情不同的面孔。

胡兰成曾经在逃亡的路上给自己起了一个假名字，叫作张牵，意思是，他无论走到哪里，都有张爱玲牵念着。然而，张爱玲并没有牵念他太久，便和他分开了。

而沈从文却从一九三三年牵了张兆和的手走入婚姻，一直牵到白首偕老。从这个意义上来说，沈从文才应该用这样一个笔名：张牵。是啊，他这一次的湘行，不就是在和张兆和的彼此牵念中完成的吗？

之二　三三专利读物

在船上写情书的人，在二十世纪二十年代，颇有几枚。

比如徐志摩，他是在去往欧洲的船上给陆小曼写信。船上的人实在是多，他呢，又有太多的话想马上写下。还没有找到座位，就只好站在船舱外的过道上，把纸贴在船壁上写，有人过的时候呢，他就停下来，将屁股往里靠一下，等人过去了，继续写。这种感情，除了热烈，还让人想起一个词语：幼稚。

幼稚的人，也还有一个，叫鲁迅，也在船上给许广平写情书。那船是去厦门的船，两个人从上海分开，许广平回广州，鲁迅应了林语堂的邀请，去厦门大学教书，就分别坐在不同的船上。鲁迅写了什么呢？无非是说自己在甲板上反复地看过往的船只，觉得这一艘可能是许广平的，过了一会儿，又觉得那艘船上的女学生可能是许广平。总之是老房着火以后的一种爱情火势，终于将许广平给燃烧了。

而比起沈从文，鲁迅和徐志摩就算不辛苦了。沈从文一九三四年回湖南老家，所乘坐的船，是那种只能坐一两人的小木船。船小得很，逼仄、潮湿，甚至寒冷。

但坐在被子里，想着张兆和的牵念，又觉得身上心里都暖暖的。沈从文问舵手的年纪，竟然已是五十三岁了，又问他何时开始划船的，对方答十六岁便开始了。一个人，用了将近四十年的时间，只做了这样一件事，划船，可以想见，他对所走的水路的熟悉。沈从文告诉张兆和，这人不仅熟悉河道的深浅，还知道这河里有多少个滩，多少个潭，甚至连水里有多少块石头他都知道。在信里给张兆和讲述舵手和水手是如何划船的："水手一共是三个，除了舵手在后面管舵管篷管纤索的伸缩，前面舱板有两个人，其中一个是小孩子，一个是大人。两个人的职务是船在滩上时，就撑急水篙，左边右边下篙，把钢钻打得水中石头做出好听的声音。到长潭时则荡桨，躬起个腰推扳长桨，把水弄得哗哗的，声音也很幽静温柔。到急水滩时，则两人背了纤索，把船拉去，水急了些，吃力时就伏在石滩上，手足并用地爬行上去。"

在船上，闻着水声，又听着水手们的对话，内心里有数不清的记忆如小波浪一样涌上船头，涌上心头。沈从文很想写文章，觉得，如果写一些在船上的感受的文字，坐在船上的他是最有发言权的，他几乎只记录下心情，便是一篇美好的散文。但是，因为老是想念张兆和，而注意力不集中。他只好给张兆和写信。他打算，每天给张兆和写四页纸的情话，如果四页纸已经写完了，而话还没有说完，他就再取了纸，接着写。

一九三四年一月十三日上午的时候，小船过桃源的简家溪，江边全是吊脚楼，有了这人间的烟火气息，自然，沈从文便想起和张兆和齐眉共案的好时光。他画了一幅简家溪的画，觉得仍然不能满意。因为不论是书信，还是绘画，都是静的，他画不出那江边的声音，那声音如同他母亲唤他的小名，沈从文觉得很动容，在画的下面写了下面的字句："这里可惜写不出声音，多好听的声音！这时有摇橹人唱歌声音，有水声，有吊脚楼人语声……还有我喊叫你的声音，你听不到，你听不到，我的人！"

下午的时候，沈从文拿着纸，在水声里又写了很长的信。他寂寞了。他向张兆和倾诉他的寂寞："我只怕寂寞。但这也正可训练一下我自己。我知道对我这人不宜太好，到你身边，我有时真会使你皱眉，我疏忽了你，使我疏忽的原因便只是你待我太好，纵容了我。但你一生气，我即刻就不同了。现在则用一件人事把两人分开，用别离来训练我，我明白你如何在支配我管领我！为了只想同你说话，我便钻进被盖中去，闭着眼睛。"

在信里，沈从文想让张兆和进入到他的梦里，和他相会。这真真是痴话了，可他却说得认真，不仅告诉她坐的船家主人的名字，还让张兆和沿着他的画一直往西边走，就能追上他了。

信写了很长，可惜的是，因为是新婚，张兆和也并不知道沈从文这一路上要走多久，有多冷，所以给他带的被子并不厚。所以，沈从文总觉得冷。他在这封信的末尾说了一句："我想要你来使我的手暖和一些……"

是啊，手太冷，握不住笔了。张兆和若是在身边，定然会给他暖暖手，再让他写的。

这天的晚饭是泊在曾家河吃的，沈从文吃了很多。吃完饭以后，沈从文将船舱的一些缝隙都用幔布挡住了，这样风便进不来了。从外面看来，也像是一个完全封闭好了的“单独卧房”一样。

安静下来以后，沈从文快乐地给张兆和写信，来诉说他的一个又一个的小念头。

“说到‘快乐’时我又有点不足了，因为一切纵妙不可言，缺少个你，还不成的！我要你，要你同我两人来到这小船上，才有意思！”

下午四点钟的时候，又画了一幅画。在画的下面，也是如此想要张兆和来与他一起分享他听到的美好的乡音：“在这种光景下听橹歌，你说使人怎么办。听了橹歌可无法告诉你，你说怎么办。三三，我的……橹歌太好了，我的人，为什么你不同我在一个船上呢？”

一月十三日下午，《泊曾家河》这个短信的下面，沈从文写下一行小字：三三专利读物。这注释大概是给九妹或者张家四小姐看，提醒她们，这下面的内容可能少儿不宜，所以，只能张兆和自己能看。

河流让时间变得丰富，声音、风以及水手们放肆骂人的荒唐，都让沈从文觉得安宁。然而，夜晚却不这样，在一条河上行走，夜晚要来得早。静静地躺在船上想事情，时间便又慢了下来。

沈从文把船舱用布拉好了以后，风进不来，果然暖和了一些。所以，他在信里又一次邀请张兆和来和他约会：“你来吧，梦里尽管来吧！我先不是说冷吗？放心，我不冷的。我把那头用布拉好后，已很暖和了。这种房子真是理想的房子，这种空气真是标准空气。可惜得很，你不来同我在一处！”

然而，晚上的时候，沈从文还是被冻醒了几次，他将衣服全都盖在身上，仍然是很冷。便愈是想念张兆和了。

第二天天亮的时候，竟然下雪了。下雪，自然船不好走，所以，那水手便不想赶路。沈从文因为想尽快赶回家，所以，只好下船买了几条鱼给水手们煮了吃。果然有了效果，那水手们得了沈从文送的鱼，占了便宜，只好继续行船。

沈从文坐在船上，看着这两岸的雪景，觉得一切都很好看，激动地给张兆和写轻佻的话：“天气还是极冷，船仍然在用篙桨前进，两岸全是白色，河水清明如玉。一切都好得很！我要你！倘若两个人在这小船上，就一切全不怕了。”

是啊，如果是两个人在一起，相互取下暖，自然是美好的事情。

这一天的信，也是要避开九妹和张充和的，因为信的标题下面，沈从文仍然写下了“三三专利读物”的字样。

这两天来，沈从文已经知道如何和这些水手打交道了，只要晚饭的时候，让他们多吃些肉，便会走得快一些。只是，沈从文无聊的时候照了一下镜子，发现自己瘦了不少。他在信里向着张兆和撒娇说：“三三，我今天离开你一个礼拜了。日子在旅行人看来真不快，因为这一礼拜来，我不为车子所苦，不为寒冷所苦，不为饮食马虎所苦，可是想你可太苦了。”

让沈从文觉得好玩的事情，很快便有了一件，是这三个水手相互说话的时候，会不停地说一些野话。这些野话既生动，又充满了想象力。对于沈从文来说，简直就是一个可以反复使用的乡村俚语词典。于是沈从文便充满了好奇心地跟着他们学习，一天的时间，便和这三个人学会了三十句野话。

河里的青鱼好吃，船上的野话好听，这对于沈从文来说，是一件极难得的事情。沈从文给张兆和的信里专门说了，他以后要写一下这些水手。

甚至，他还想着给张兆和拍一些吊脚楼妓女的照片，又或者是同船的水手们的样子。

妓女有什么好照的？沈从文可真是不了解女人的心态。不过，在湘西的吊脚楼上住着的妓女们，也都是有着故事的善良的人。

“这些人都可爱得很，你一定会欢喜他们。”

沈从文了解张兆和的单纯，而他知道，这些水手和妓女其实也不过是单纯而良善的人，所以，他相信张兆和能被这些人的故事吸引。

他觉得张兆和如果和他一起，张兆和一定比他还要兴奋，一定比他有求知欲。在三三专利的信的末尾，沈从文写道：“三三，你若坐了一次这样的小船，文章也一定可以写得好多了。因为船上你就可以学许多，水上你也可以学许多，两岸你还可以学许多。”

学许多什么内容呢？沈从文一时间也说不精确，但是，沈从文了解张兆和的性格，当她在信里看了沈从文介绍的这些内容，一定也想到沈从文的梦里去给他暖暖身子。

之三　第三张

一九三四年一月十六日上午，大雪，船无法开动。

沈从文发现所带的信纸竟然不多了，又或者前几日，给张兆和写信太多的缘故，总之，这天的信里，沈从文告诉张兆和，今天只写两张纸给你。因为，他还要校一下书稿，做一些别的事情。

在书信里，向张兆和夸自己的文章写得好，是沈从文做得最为好玩的事情。且看他是如何吹牛的呢："七点左右我就起来看自己的书，校正了些错字，且反复检查了一会儿。《月下小景》不坏，用字顶得体，发展也好，铺叙也好。尤其是对话，人那么聪明！二十多岁写的。这文章的写成，同《龙朱》一样，全因为有你！写《龙朱》时因为要爱一个人，却无机会来爱，那作品中的女人便是我理想中的爱人。写《月下小景》时，你却在我身边了。前一篇男子聪明点，后一篇女子聪明点。我有了你，我相信这一生还会写得出许多更好的文章！有了爱，有了幸福，分给别人些爱与幸福，便自然而然会写得出好文章的。"

写作便是为了将自己内心过于饱满的幸福分享一些给别人，这样的想法，真是幼稚又善良，也只有沈从文这样苦苦得来爱情的人才懂得珍惜。

这一天的行程不是上小滩便是下急滩，均是有些危险的。沈从文给张兆和介绍了一个长滩的名字，叫青浪滩，有二十几里，下滩的时候快，而上滩就难了。大船有时候需要一整天才能上去，小船也要三四个小时。

正写信的时候，沈从文乘坐的小船也在上一个小滩，水流声突然增大，船身也倾斜了起来，很是危险。沈从文拿起笔来便写“我不怕”，孩子一样，仿佛越是写字越是有胆量。他这样写：“我不怕，我不怕。有了你在我心上，我不拘做什么皆不吓怕了。你还料不到你给了我多少力气和多少勇气。同时你这个人也还不很知道我如何爱你的。想到这里我有点小小不平。”

船舱外面太冷了，沈从文的手都冻僵了，所以，不能为张兆和画岸两边的山了。但他还是在信里夸耀这山的美，在他的眼里，这两边的山比青岛的崂山可要好看多了。

他甚至在信里和张兆和计划着，明年的时候，他带着她一起再来凤凰一趟，好让她重新走一下他的路线，听一下他听过的橹歌，看一下他看过的景致和人。

上午十点的时候，两页信纸便写满了。依着开始时的想法，沈从文便住了笔。

然而只隔了不到一个小时，沈从文便觉得又有话要对张兆和讲了。船两岸有不少鸟儿在叫，沈从文便跟着学，他觉得这鸟儿的声音这么温婉，定也是谈着一段恋情的，所以，他想学会一段鸟叫声，好在见到张兆和的时候，学着叫给她听听，以逗她乐趣。

这信的抬头上老实地写上“第三张”。纸短情长，本来说好写两张的情话的，现在第三张开始，想来也是一件美妙的事。

日常生活中，沈从文是一个口舌笨拙的人，大概只能说到他熟悉的湘西生活了，或者创作的事情了，他才会有一些连贯。若是谈生活的逻辑，他大概是一个寡言而无趣的谈伴。

然而，写信却是他的长项。又好像，张兆和是他的一个灵感，是一泉水，是一弯月。总之，是让他打开倾诉闸门的源头。

他自己也意识到了这一点，明明有很多话要说的，但见到了张兆和，却说不出来，甜言蜜语在沈从文这里都是书面的，口语里，他的词语蓄量极少。

又写了两纸书信，也没有写完他对张兆和的相思。何止没有写完，连十分之一都不到。他总是在信的末尾这样抒情：“三三，想起我们那么好，我真得轻轻地叹息，我幸福得很，有了你，我什么都不缺少了。”

在之前的一天，一月十五日这天，沈从文想着张兆和因为和他结婚而变得经济拮据，有点难过，眼睛湿湿的。

他就着烛光给张兆和写信，风吹进来一丝，那烛火便摇晃着，沈从文觉得有趣，觉得那烛光像是知道沈从文要给张兆和写情书，写隐私的情话，便害羞了。

晚上有些冷，沈从文将被子折叠了一下，厚了一倍，觉得好些了。继续给张兆和写船上的所闻所见。

船当天晚上停在一个叫缆子湾的地方，有大小船数十只，别的船上有念的，唱戏的，说笑的，还有不停地骂着粗野话的人。

越是这样的吵闹，在沈从文看来，便越觉得寂寞。他想着他和张兆和从中国公学一直走到现在，仍然觉得像是一场梦。他在船上想起他和张兆和的几次争执，也觉得是自己的错，他甚至想好了，等回到北京去，要向张兆和保证，以后一定不惹她生气了。

夜晚在梦里，沈从文希望能逢着张兆和，却是总没有遇到。不过，他又担心，在上万只船里让张兆和找到一只，也的确是辛苦的事。

好在不停地能听到橹歌，那些唱歌的人，要么是唱给家中的老婆的，要么是唱给江两岸的老情人听的。在沈从文听起来，这些橹歌简直就是唱给他和张兆和的情歌。他这样写道："又有了橹歌。简直是诗！在这些歌声中我的心皆发抖，它好像在为我唱的，为爱而唱的。事实上是为了劳动而自得其乐唱的。"

人一旦内心里有了甜蜜的牵念，听到什么样的声音，都是甜蜜的，都觉得是祝福自己的。

十六日下午两点，小船过一个险滩的时候，差点儿就出事了。两个水手下到了水里，拉着船，才将船稳住。于是，两个水手一前一后，不停地骂着粗野的话，甚至骂了六七十句。沈从文真想都一一记录下来，以后写小说的时候都用上。因为这些粗野的话全都是天真烂漫的。

恋爱中的人，听到什么样的对话，哪怕是骂人的，也会想着这些骂人的野话里，所说的男女媾和的事，不也是需要成千上万句甜言蜜语，才能做到吗。

是啊，正如他用尽了词典里含糖的词语才打动了张兆和一样。世间的事，哪一桩能抵得过有一个人拼了命地对自己好呢？

之四　带了你，在心上（鸭窠围的夜）

一九三四年一月十六日，傍晚时分，小船泊在了鸭窠围。

这是一个留在了文学史上的地点。在沈从文的笔下，这鸭窠围的美如同仙境："鸭窠围是个深潭，两山翠色逼人，恰如我写到翠翠的家乡。吊脚楼尤其使人惊讶，高矗两岸，真是奇迹。两山深翠，唯吊脚楼屋瓦为白色，河中长潭则湾泊木筏廿来个，颜色浅黄。地方有小羊叫，有妇女锐声喊'二老'、'小牛子'，且听到远处有鞭炮声与小锣声。到这样地方，使人太感动了。四丫头若见到一次，一生也忘不了。你若见到一次，你饭也不想吃了。"

在鸭窠围，沈从文吃了一条鱼的一小部分，那鱼的味道极好，却又十分便宜。一尾鱼有六斤多重，却只要九毛钱。三个人只吃了这条鱼的四分之一。沈从文吃得有些撑了，在信里这样描述鱼的味道："味道比鲥鱼还美，比豆腐还嫩，古怪的东西！"

风大，虽然天气寒冷，但心却是暖和的。

吊脚楼有女人的声音传出来，让沈从文想起多年前的自己，孤独，无处发泄欲望的青春。他甚至看到自己穿着军服的青涩模样。他多么可怜那个青涩的自己，想走近他，告诉他，自己现在有多幸福。因为，现在，他的心上住着一位女人，她符合他对美好的一切想象。

晚上八点钟的时候，沈从文听到了岸边有一只小羊的叫声，他细细地辨认，才知，原来，河对岸也有一只羊在叫呢。这样应和的羊的叫声，也让他想到爱情。他自然想到自己，在心里默默念着张兆和的名字，而张兆和可能也同样痴痴地坐在烛火下，念着他。想到这些，他便觉得满足。

他在纸上写他的满足："现在已八点半了，各处还可听到人说话，这河中好像热闹得很。我还听到远远的有鼓声，也许是人还愿。风很猛，船中也冰冷的。但一个人心中倘若有个爱人，心中暖得很，全身就冻得结冰也不碍事的！"

写完信，没有停十分钟，好像又有话要说了。只是隔了十分钟，沈从文又拿出信纸来写。在信的开头嘲笑自己说："我今天快写到八张了，白日里还只说预备写两张。"

是啊，越是寒冷，越需要和心上的这个人说说话，好转移注意力，排遣心里的寂寞。

虽然写信只写到一半，手就冻得僵住了，可是，沈从文一想到两年前，给张兆和写信，得不到回信，摔砸东西时的无助，便觉得幸福极了。

幸福，有时候便这样藏在自己的想象里，哪怕是在一个寒冬夜行人这里。

九点五十分，写完了一张信纸，沈从文决定脱了衣服睡下。然而，躺了十分钟，觉得自己突然有些难受。是一种空空的难受，甜蜜感仿佛在某个瞬间跌入了水里，风里。有那么一瞬间，沈从文觉得自己被世界抛弃了。他自然知道，这只是情绪的缝隙。情绪不可能一直饱满的，即使心上住着张兆和，但是，张兆和这粒药丸并不能包治百病，比如此刻，他怕自己跌入梦里，而梦里面又没有张兆和，那么，他便会觉得，在梦里的时光是浪费了的。没有张兆和，这时间便是多余的，没有滋味的。

这便是传说中的痴狂了吧。

他披了衣服，又坐起来写信，写了很短的一段，陷入空无里，他知道，再写下去，会将自己的寂寞情绪传染给张兆和，那样便不好了，便住了笔。但还是流露出一丝无助："我不想就睡，因为梦无凭据，与其等候梦中见你，还不如光着眼睛想你较好！你现在一定睡了，你倘若知道我在船上的情形，一定不会睡着的。你若早知道小船上一堆日子是怎样过的，也许不会让我一个人回家的。我本来身体很疲倦，应得睡了，但想着你，心里却十分清醒。我抓我自己的头发，想不出个安慰自己的方法。我很不好受。"

果然，天刚蒙蒙亮，沈从文便被一个噩梦惊醒。他梦到他和张兆和订婚时的情景，是在吃酒席，是在一个花园里，无奈的是，媒人却迟迟不来，找了好久也找不到。那媒人也奇怪得很，是一个小孩子，大概是念中学的模样。再后来，梦里还出现了一头狮子，而且那头狮子还一直在外面咆哮，这吓坏了沈从文……沈从文左右梳理这个梦，也不知道该如何总结，说是一个吉祥的梦吧，仿佛没有让他欢喜的情节，说是一个凶兆吧，也并没有不好的事情发生。总觉得，这个梦里的一切都很陌生。

写下这个梦，又怕张兆和多想，便又在信里解释：“我希望梦到你，但同时还希望梦中的你比本来的你更温柔些。可是我成天上滩，在深山长潭里过日子，梦得你也不同了。也许是鲤鱼精来做梦，假充你到我面前吧。”

不论如何，在鸭窠围的清晨，他的梦让他比别人早一些醒来，便多了一些时间想念张兆和，也多了一封情信来表达他的想念。

他感谢过去的一切，他觉得，过去的时间过去的人事，哪怕有一件事，如果他做错了，便会和张兆和失散了。而现在的结局是，他拥有了张兆和。所以，他对过去的一切都充满了感恩。他喜欢他的这种命运，他还有很多缠绵的话想要说呢。但并没有写下来，只是对着心里的她说了。他说的时候，甚至还怕正在燃的烛火听到，也连忙吹熄了它。就那样，在清晨的时候，他对着虚空的船舱说着情话。恋爱中的人，哪一个不是如此，痴傻，童真。

写完信又半卧着假寐了一会儿，八点钟不到，船夫水手们也起来了。他们一边扫雪一边骂野话，惹得沈从文又坐起来，找了一张信纸。继续给张兆和写信。

他听到旁边的船上有人对着吊脚楼喊“牛保，牛保”，静了一会儿，那牛保从女人的被窝里跑出来，趴在窗子上对着下面的人喊“你喊哪样，早咧”。然后，便又回到那热乎乎的床上。沈从文写这样的细节，自然也是想回到张兆和那暖热的被窝里。他在信里这样写：“我还估想着他上床后就会拧了一下那妇人，两人便笑着并头睡下了的。这份生活真使我感动得很。听到他们的说话，我便觉得我已经写出的太简单了。我正想回北京时用这些人作题材，写十个短篇，或我告给你，让你来写。写得好，一定是种很大的成功。”

在当下，如果从北京乘火车到湘西州的州府吉首市，大约需要二十个小时，而在一九三四年，从北京到常德的桃源则需要四天，而从桃源走水路到凤凰则需要十一天。这便是速度的变化。如果放在当下，从北京到凤凰，交通这样便利的话，那么，沈从文和张兆和的情书便不会有这么多了。甚至，有了便利的通讯设备，情书，也早已经是不写的了。

文化在物质过于丰富的时代，慢慢消逝，这样的发展主义的弊病，每每在读这些旧时情书时，便会觉得惆怅。

这天早晨的信里，沈从文不停地计算着时间，大概什么时间能到凤凰，在家中停留几天，才能回北京，是啊，每一天都在想着回到北京，天天就那样守在张兆和的身边。仿佛为了验证他娶到了张兆和这件事情到底是不是真的。

常有人形容幸福得如同做梦，又或者男女间打趣对方时也是这样说：做梦吧你。

沈从文总觉得娶了张兆和这件事情，如同一场梦，他呢，常常怕这梦醒了，张兆和不见了。

沈从文知道，一回到家里，家里人自然要问他，为什么不带着新娘子张妹妹一起回家。他呢，自然会回答，带了来，带回来了。于是便将张兆和的相片拿出来给大家看。这张照片，在船上，沈从文已是看了多遍的。他恨不能已经熟悉张兆和的每一丝神情。

沈从文也想告诉亲人们，他一路上一直带着张兆和呢，因为张兆和一直住在他的心上，可是，他知道，这样的傻话，如果真说出来，会惹得大家笑话的。所以，他在信里这样写："事实上则我当真也把你带来了，因为你在我的心上！不过我不会把这件事告给人，我不让他们从这个事情上得到一个发笑的机会。一个人过分吝啬本不是件美德，我可不能不吝啬了。"

沈从文的幽默本不多，他的内心，多是软弱，示弱，甚至失落以后的无助。然而，爱情给了他许多从未有过的人生体验，比如，他有时候已经习惯性地幽默一下。这是自信。

这样将所爱的人放在心上，并不是沈从文新婚时的狂热，看沈从文家书，知道，他一直到老，一直对张兆和的感情都是热烈的，浓郁的。

沈从文在路上的时候才发现，自己带的盘缠少了，路上的时间多了，又加上需要买一些好吃的讨好船夫们，所以便多耗费了些。而且，季节是冬季，他想着从乡下多买一些东西来，好带到北京去给他们惊喜。他在信里也写下了这些计划："从这次上行的经验上看，不拘带什么皆不会放坏，故下行时也许还可以为你带些古怪食物！九九（即九妹沈岳萌）是多年不吃冻菌了，我预备为她带些冻菌。四丫头倾心苗女人，我可以为她买一块苗妇人手做的冻豆腐。时间若许我从容些，我还能同三哥到乡下去赶次场，说不定我尚可为四丫头带点狗肉来。我想带的可太多了，一个火车厢恐怕也装不下。"

这些事情其实本可以不写的。惊喜是不能提前透露的。但是，沈从文实在是等不及了。

况且，他知道，这些信，等到张兆和收到的时候，差不多，他已经在返程的路上了。

上午十点钟的时候，船突然遇到风浪，倾斜得厉害，正在写信的沈从文收不住身子，歪倒在一边。墨水撒了出来，一时间，被子上，信纸上，信封上，甚至手上，衣服上，全都沾了些墨水。最让沈从文感觉可惜的是，这些天来一直写信的那支笔掉落江里。

他觉得好可惜，总觉得，已经说了的那些情话，那支笔是知道的，现在，那支笔跌落河里，像是一个能保守秘密的朋友一样。

好在，沈从文还带着一支自来水笔，是张兆和送给他的。也好，用这支笔，会更觉得写出来的情话是可以被张兆和理解的。

船的下一站是辰州（即现在的沅陵），好在要在这里停的，不仅要在这里给大哥沈云麓打电话，还要给张兆和打电报，并将已经写好的信件寄出去。

写信的时候，船又开始上行，是要上一个滩。沈从文停下了信，看看左右，却并不害怕。过去了以后，又接着写信："我们的船又在上滩了，不碍事，我心中有你，我胆儿便稳稳的了。眼看到一个浪头跟着一个浪头从我船旁过去，我不觉得危险，反而以为你无法经验这种旅行极可惜。"

但是，又有什么关系呢？反正他的心里装着张兆和呢，虽然没有亲临现场，却一件细小的事情也不会少看到。因为，沈从文几乎不停地就在给她写情书，风也好，鱼也好，橹歌也好，羊叫声也好，甚至连路边的一个寻人启事都不放过。

这样子将一个女人放在心上，真好，不仅仅是张兆和感到美好，连同沈从文自己也被自己的痴情打动。整个湘行的过程中，沈从文的寂寞，不都是在伴随着想念张兆和的无助中过来的吗？

很多时候，爱情在描述中更为动人，沈从文便被自己描述的爱情感动了。这大概是小说家的通病吧。

之五　我耳朵热，是你们在谈论我吗

看到吊脚楼，听着橹歌以及江两岸的风情时，沈从文特别想让张兆和陪着他来看，这样安静而隐世的美好，也只有在他的家乡才有。这些年，他走了许多的地方，他个人的体味是，至今没有一个地方的美能与他的家乡相较。所以，他想让张兆和一起和他回一次家乡，好细细地分享他对美的理解。然而，到了向上行驶的这种险滩时，他又为张兆和没有与他一起来而觉得幸运，幸而张兆和没有跟着他，不然，要受大罪了。不仅仅是冷，还有这惊险。

过一个滩的时候，船上的小水手用力不巧，被一个浪头的力量掀翻了，当场落进了河里。幸好，另一个师傅眼疾手快，把他从水里面救了上来。那孩子呛了水，趴在船头哭了起来。

沈从文很是担心地看着他。这个候补的水手，辛苦一天，才只能得一毛钱的报酬。这还是船老板仁慈，听说，有些老板，一分钱都不给的，只包两顿饭。死了，也是不担责任的。

这个孩子的命运，已经深深地触动了沈从文，他让沈从文感到忧伤。他甚至也想到了自己，若不是当年发傻，跑到了北京去谋生路，一个人在湘西，也不知会是什么样子。

命运没有办法重新设计。所以，沈从文很是珍惜他已经拥有的幸福。

坐在船上，看着这些熟悉水性的水手躲避小波浪的技巧，沈从文顿时觉得，每一种行业都是深邃的，充满着美学意味的。

他在信里和张兆和玩笑，说，这些水手逃避波浪的策略和办法，比你当年在上海逃避我的情书的办法还要多，还要灵活。他甚至建议张兆和应该来和他一起看一下，向水手们学一下。这样的话，说不定，他可能因为这逃避，而受到多一些时间的惩罚。那么，他的情书也一定写得更多一些。

原打算着，每一天的时间，在船上，有一半的时间用来给张兆和写情书，另一半的时间呢，他还想作一些文章。可是，这一次，他却完全没有办法写作。只能给张兆和写情信。他这样解释他的内心情状："谁知到了这小船上，却只想为你写信。别的事全不能做。从这里看来我就明白，没有你，一切文章是不会产生的。先前不同你在一块儿时，因为想起你，文章也可以写得很缠绵，很动人。到了你过青岛后，却因为有了你，文章也更好了。但一离开你，可不成了。倘若要我一个人去生活，作什么皆无趣味，无意思。我简直已不像个能够独立生活下去的人。你已变成我的一部分，属于血肉、精神的一部分。我人并不聪明，一切事情得经过一度长长的思索，写文章如此，爱人也如此，理解人的好处也如此。"

写信的时候，除了遇到船体的倾斜，水手因为用力不巧而被波浪卷入水中，还有一件事情，是逆水行船的时候，走到一半了，水手们的力气不够，船又被水冲下来了。

下午三点钟前后，沈从文所坐的小船连续被一个滩上的急流冲下来五次。这一下，沈从文的信又写不成了。信纸又湿了，甚至连他的外套也湿了。

他写不成信，只好在正写的内容下面划一些波浪线，好提醒张兆和，写这样一段书信的时候，有一些波浪打过来，让船上不了滩，前行不得。

连续上了五次，那船才上了一个滩。自然，三个水手都在骂野话。

沈从文问那个小孩子，刚刚所过的急流滩叫什么名字，那个孩子说，是“骂娘滩”。是啊，平常的时候，也是如此，更不用说天寒地冻的了。累得水手们吃奶的力气都使上了，还过不了滩，急了，这些渡船的人，自然是要骂娘的。还别说，这一骂，身上的力气也恢复了，再一使劲，就过了这个滩。所以，一开始也许并不叫骂娘滩。但后来，大家觉得到了这个地方，上行的时候，需要骂一顿，才能过了这险滩，于是大家便骂出了习惯，骂出了历史和典故。

看着这几个水手骂野话，沈从文会觉得有亲近感。他喜欢和他们在一起，闻他们的味道，看他们的各种做人的缺陷，却也觉得他们本真、可爱。

他想写下他们，他觉得生活在湘西的江面的这些人才是内心最为丰富的人。每一个人都有着既新鲜又单一的故事，他们既悲惨，也快乐。他们有复杂而又单纯的人性，正是他小说里的人物。

在信里，沈从文这样分析他们："我们在大城里住，遇到的人即或有学问，有知识，有礼貌，有地位，不知怎么的，总好像这人还缺少了点成为一个人的东西。真正缺少了什么又说不出。但看看这些人，就明白城里人实实在在缺少了点人的味儿了。我现在正想起应当如何来写个较长的作品，对于他们做人可敬可爱处，也许让人多知道些，对于他们悲惨处，也许在另一时多有些人来注意。"

这一趟旅行，除了思念，更多的是，这条河，以及河两岸的人，给了沈从文一个创作的提醒，他觉得自己不再是初到京城，为了一个馒头而写作的青涩的文学青年了。而是，一个有着强烈的自觉意识，有着编辑经验，有着大学老师体验的，成熟的写作者了。

虽然，他才三十二岁，但在那样的年月里，因为一场爱情的磨砺，他已经成熟为一个看透世情世相的人。

他在信里赞美他的母亲河给张兆和："我赞美我这故乡的河，正因为它同都市相隔绝，一切极朴野，一切不普遍化，生活形式生活态度皆有点原人意味，对于一个作者的教训太好了。我倘若还有什么成就，我常想，教给我思索人生，教给我体念人生，教给我智慧同品德，不是某一个人，却实实在在是这一条河。"

他希望明年的时候，他能带着张兆和，再回一次家，让张兆和来体味他多年来一直储藏在内心里的感受。

下午快五点的时候，沈从文突然觉得有些心跳加速，耳朵也有些发热，可能是因为船身又在倾斜的缘故。但却不是，船并没有被波浪给围困。沈从文猜想，定然是张兆和和九妹以及四妹说到他了。又或者，两个妹妹一起打趣张兆和也可能的。

因为离凤凰越来越近，沈从文呢，也怕这一路上没有吃好休息好，瘦得太多，让家里人担心。所以，吃饭的时候，尽量多吃。胡子呢，也每天都打理着。

他在信里牵挂张兆和，怕她忙碌不堪，写道："你一个人在家中已够苦的，你还得当家，还得照料其他两个人，又还得款待一个客人，又还得为我做事。你可以玩时应得玩玩。我知道，你不放心……我还知道你不愿意我上岸时太不好看，还知道你愿意我到家里时显得年轻点，我的刮脸刀总摆在箱子里最当眼处。一万个放心……若成天只想着我，让两个小妮子得到许多取笑你的机会，这可不成的。"

还没有写完这一段，小船又在迎着水流向上攀爬。

不过沈从文丝毫也不担心恐惧。心里住着一个人，他的内心便强大了一倍。水不时地溅进来，湿了他的衣服，他也不怕的。唯一害怕的，是他担心正在用的信纸被水溅湿了，而信纸上的那些甜甜的词句，若是模糊不清了，岂不是这河水扣留了他对张兆和的思念？

所以，他写写又停停，从头写到尾，像个传教的人。是啊，在他和张兆和的爱情里，他本就是那个持续敲门的传递爱情教的信使，好在，他的信写得好。他的信后来变成了门票，终于打开了张兆和的爱情的剧场。

自然，他也是亲自出演了的。

之六　吹牛

一月十七日下午，船泊在一个叫杨家岨的小码头。这里距离辰州（即沅陵）很近。

不由得让沈从文想起当年自己在这里生活的细节。在那里，他开始抄古帖，还和另外两个人兑钱订了一份《申报》。那个时候的生活多么茫然啊，沈从文替自己的年少感到孤独，甚至忧伤。

他想起了他死去的友人，或者并不相识的人。这些年，越来越多的人事让沈从文的心变得更加软弱。善良已经不足以形容他，应该说，他的情商经过城市和爱情的双重洗礼后，他已经是一个知识分子的视角。而和其他从书斋中成长起来的知识分子不同的是，沈从文有着丰富的乡村生活背景，以及在部队多年的生活背景。这让他想任何问题，首要的便是人性中最为卑微甚至有着劣迹的部分。他很容易便原谅了这种人性中的恶，因为他知道，在没有被启蒙的庸碌生活中，这些人的善良，只向熟悉的人打开。而陌生人基本上是他们榨取利益的对象。这逻辑在底层世界已经沿用数千年了，并不独特。

他自然庆幸自己逃脱了出来，他已经回不到旧的世界里了。如果当年，自己不是被初恋的马小姐骗去了一千多元钱，他也许就在芷江结婚生子了。他也许会成为当地的一个殷实的人家，但视野只能看到物质，他不会想到关心更多的人。

而现在不同了，现在的他，已经是城市中较为有头面的人了。视野的改变，不仅仅是多看了几本书，多走了几个地方，还有内心最为微妙的充实。情商的提高，既得益于理想的实现，也得益于在挫折中没有被错误的情绪绑架，并走出了那情绪。

沈从文坐在船上，想到自己无助而已经无法修补的青春，开始替张兆和感到幸福。他觉得张兆和从认识他开始，所看到的沈从文的形象，一直是体面的，即使为了爱情，给她做了一次又一次的爱的奴隶，但是，他的知识，写作的能力，甚至是人际关系，也都是得分不少的。沈从文感慨张兆和只看到他成功以后的一面，而没有翻阅过他的过去。所以，他在船上也做好了写作计划，回到京城以后，除了整理好这一次湘行的文章，他还要写一个自传。他要让张兆和知道，他的如今的体面或者成功，源自那么多不堪的过往。

所以，他觉得张兆和幸福，没有和他一起经历那么多不堪。

晚上的时候，沈从文给了年长的水手一串钱，让他去吊脚楼吃茶抽鸦片烟，但并不是白请他去寻欢，他要细细地讲给沈从文听。沈从文知道这个水手识文断字，很会讲故事，所以，他要听他说说吊脚楼上的事，以后好写个小说。

水手们上岸寻欢去了，这一次沈从文陷入了彻底的孤独中，因为，这个小码头只停了他们这一只船。沈从文想到了一个除却寂寞的好方法，他打开了行李箱，将带来的照片取了出来。只有张兆和与张充和的照片。沈从文便对着照片自言自语起来。

说什么呢，不过是一些情话，也只能说给张兆和一个人听的。

到了晚上九点多钟，夜色已经浓得厉害了。沈从文正预备睡去，却听到有人敲打梆子的声音。沈从文兴奋地记下这声音，写给张兆和看："三三，这河面静中有个好听的声音，是弄鱼人用一个大梆子，一堆火，搁在船头上，河中下了拦江钓，因此满河里去擂梆子，让梆声同火光把鱼惊起，慌乱的四窜便触了网。这梆声且轻重不同，故听来动人得很。这种弄鱼的方法，你从书上是看不到的。……弄鱼的梆声响得古怪，在这样安静地方，却听到这种古怪声音，四丫头若听到，一定又惊又喜。这可以说是一首美丽的诗，也可以说是一种使人发迷着魔的符咒。"

是啊，想听到这诗句一样美好的声音，是要付出一些代价的，比如沈从文，便受了冻，甚至独自享尽了孤独。

第二天上午，船又开始上一个滩，叫做横石。大概是一块横着的石头。因为船小，所以逆着水向上的时候，会进一些水。沈从文将昨天晚上取出来的照片紧握在手里，生怕水湿了。他在信里调皮，告知张兆和："这时船已到了大浪里，我抱着你同四丫头的相片，若果浪把我卷走，我也得有个伴！"

天真。

过这个急流的水滩时，沈从文还看到了一只已经毁在这滩上的大船。他坐的小船就贴着这已经损毁的大船向上走，他看得很清楚，那船不知已经毁了多久，但可以想象，那是一个悲惨的故事。

还好，沈从文的小船顺利地泅过了这滩，到了安全的水域。

沈从文也静下心来，开始向着张兆和吹牛。这几天，除了写信，沈从文也在一些空隙的时间校对着自己的一些稿件。他对张兆和说："我想印个选集了，因为我看了一下自己的文章，说句公平话，我实在是比某些时下所谓作家高一筹的。我的工作行将超越一切而上。我的作品会比这些人的作品更传得久，播得远。我没有方法拒绝。我不骄傲，可是我的选集的印行，却可以使些读者对于我作品取精摘优得到一个印象。"

一向温和自卑的沈从文，第一次如此肯定地评说自己的作品，而听众是张兆和。这是沈从文的心里话，这样的话，写给秘密的人来看。无论如何，他也是没有想过发表，让另外的人看到的。所以，这样的吹牛，更多的是一种自我鉴定。

他在信里写下他精选出来的文章的篇目，如下：《柏子》《丈夫》《夫妇》《会明》，并注明了分类，说明这几篇全是以乡村平凡人物为主格的，他写了他们最为人性的一面；还有《龙朱》《月下小景》这两篇，他注明是以异族青年的恋爱为主格，写他们生活中的一片叶子，全篇贯穿以透明的智慧，交织了诗情与画意；又有《都市一妇人》《虎雏》这两篇，是以一个性格要强的人物为主格，有毒的放大了人格中的某些要素；还有《黑夜》和《爱欲》两篇，一篇写革命者，一篇写天方夜谭的故事。

这样精选出来的结果，是他较为满意的作品全集。他在信里预计会有十万名读者。他的意思是，这册书会畅销一时的。

这其实已经不是沈从文第一次吹牛了。沈从文第一次向张兆和吹牛，是两天前，一月十六日的上午，当时是想校对一下自己的书稿，所以，发誓一天只给张兆和写两页纸，可是，那天，他一下写了八九张纸。就是在刚吃过早饭的时候，他刚刚校完自己的稿子，吹牛的内容是这样的："《月下小景》不坏，用字顶得体，发展也好，铺叙也好。尤其是对话。人那么聪明。"

作家写作，常常过了一段时间再回看自己的作品时，会后悔当初没有好好地修改。但也有极个别的情形，发现当初的某篇东西写得真是出乎意料。这其实是在于写作时是不是打开了自己。沈从文之所以重校自己的稿子时，发现自己的一些作品写得很好，是因为，当时他写作这些文章的时候，自己完全是一种非正常的状态下。彼时的他，正发疯地给张兆和写信，脑子里的细胞都在裂变，他自己呢，也超出了庸常的自己。所以，他的感官特别敏感，想象力如果是一只手臂的话，在写情书的那段时间，也格外长一些。所以，想象力也显得丰富。在这样的情景下，所创作出来的文章，自然是耐看的。因为人多数情况下，是平静的，甚至是平庸的。而在日常的情况下，来欣赏感官打开的作品，显然，会被当时自己的表达能力惊醒，会觉得，自己的创作也分为很多个阶段，有时候是硬挤着写出来的，便显得沉重，庸常。而有时候是超常的，有才华的，高于当下一些平庸的写作者的。

不论如何，向自己的爱人吹牛，除了会得到鼓励之外，也一定会收获奖励。爱情不就是彼此互相喂对方糖果的事情吗？

所以，他的吹牛，和一个孩子张口索要糖，基本上是同理。

之七　你的心

快到辰州的时候，沈从文上岸拍了一张照片，是给一群拉纤的纤夫拍的，阳光正好。但天气依然是冷得紧。

这是一月十八日的下午两点钟，距离辰州不到十里了，他的手冻得麻了，握不住笔。只好将手钻进棉手套里。可是，如果戴了那手套，信便不能写了。所以，暖了一会儿手，不那么木了。便只好脱下了，继续给张兆和写信。

沈从文将张兆和的一张小相片装在了自己的口袋里，所以，他在信里玩笑："我一到地见到了有点亲戚关系的人，他们第一句话，必问及你。我真想凡是有人问到你，就答复他们'在口袋里'！"

这又是调皮。

恋爱不仅降低一个人的心智，还会激发成年人的幼稚。这一点在鲁迅的情书里见过，他在《两地书》里向许广平发誓上课的时候，绝不看班里的女生。徐志摩也是，发誓将店里最贵的一双鞋买下来，寄给了陆小曼。

沈从文呢，虽然没有发誓，却动不动就拿着照片像个孩子似的自言自语，实在也幼稚得很。

虽然在感情上犯着幼稚的青春期病症，可是，因为回到了他最熟悉的辰州的缘故，他看着那河水，思想却深沉起来了。一月十八日下午的这封信，沈从文拟了一个小标题，叫作《历史是一条河》，是啊，他大概有些自况，他个人的历史就是在一条河上走来走去，终于有一天，他离开了这条河北上了。

在船上，他看着这河水微波荡漾的样子，像是得到了开示一般，顿悟了他自己的人生。他这样写道："三三，我因为天气太好了一点，故站在船后舱看了许久水，我心中忽然好像彻悟了一些，同时又好像从这条河中得到了许多智慧。三三，的的确确，得到了许多智慧，不是知识。我轻轻地叹息了好些次。山头夕阳极感动我，水底各色圆石也极感动我，我心中似乎毫无什么渣滓，透明烛照，对河水，对夕阳，对拉船人同船，皆那么爱着，十分温暖的爱着。我们平时不是读历史吗？一本历史书除了告我们些另一时代最笨的人相斫相杀以外有些什么？但真的历史却是一条河。从那日夜长流千古不变的水里，石头和砂子，腐了的草木，破烂的船板，使我触着平时我们所疏忽了若干年代若干人类的哀乐！……我看到石滩上拉船人的姿势，我皆异常感动且异常爱他们。我先前一时不还提到过这些人可怜的生，无所为的生吗？不，三三，我错了，这些不需要我们来可怜，我们应当来尊敬来爱。他们那么庄严忠实的生，却在自然上各担负自己那份命运，为自己，为儿女而活下去。"

沈从文理解这些人主动来释放自己命运的精神，甚至觉得他们在自己的生活里努力着，尽着最大的能力来体味做人的责任。这些都使得他感动和敬仰。

他知道，未必每一个人生下来以后都要明白很多道理，但是在他们自己的领域里，他们只要努力认真地去做了，便应该得到尊重。

看久了水，看久了水中的石头，在动静的感悟中，沈从文觉得自己比其他人更敏感，更多了一层人生的负担。是的，他想得太多了。而这思想却恰好来自于他长时间由此及彼的写作训练。

他虽然对自己的观察能力有些欣喜和骄傲，但同时也觉得惆怅，他知道，他的这种超越了世俗生活的审美或者判断能力，对他来说意味着，他理解了更多的东西，他必须承受这些理解所带来的苦恼。

他成了受难者。

他对张兆和这单一的爱情，在思考着水与人生的关系时也发生了位移，一开始，张兆和是他生活的全部，甚至是活下去的理由。但是，慢慢地，他不满足于一个个体完全沉溺于个人的小世界里。他应该走得更开阔一些。所以，他将自己的爱煮沸了，化作了蒸汽，甚至蒸发在了空气中，成为面向全部人类的一句痴情的话。

一月十八日信的结尾，沈从文这样抒情："这时节，我软弱得很，因为我爱了世界，爱了人类。三三，倘若我们这时正是两人同在一处，你瞧我眼睛湿到什么样子！"

是的，沈从文泪流满面。

谈恋爱的男人中，最爱抹眼泪的，恐怕，只有他老人家了。

在辰州见到了大哥沈云麓以及六弟沈荃，更好玩的是，还见到了那个虎雏。这个副官在一九三〇年前后曾随沈荃到上海，沈从文见到他以后曾下定决心把他留了下来，让他在中国公学上学，沈从文想起自己的命运。想着要帮助他一下，让他读书、知礼，成为一个知识分子。哪知，这虎雏受不了上学的苦，不久便逃回了沈荃身边。

这一次，从辰州回凤凰，虎雏便陪着沈从文一道回去，以照应沈从文。

这虎雏是个有故事的人，所以沈从文曾写了一篇他的小说，就叫作《虎雏》。

到泸溪之后，便全都是诗了。这是十九日下午六时半写的信。在信的末尾，沈从文第一次署名："你的心"。这也是《湘行书简》中唯一一个落款不署名二哥的信件。

他自然一直将张兆和放在心上的，因为只有放在心上，才能听得到彼此的心跳。所以，他自己感觉，张兆和长时间能听到他的心跳声，他自然就是张兆和的心了。

一月十九日下午四时多，沈从文的小船到了泸溪。在之前的信里，沈从文曾经贬斥过泸溪，大致是说这个地方并不好看。然而，这一次，他却要修正自己的观点了。

傍晚时分，泸溪的美惊呆了沈从文，他不得不在信里纠正他上次的说法："我似乎说过泸溪的坏话，泸溪自己却将为三三说句好话了。这黄昏，真是动人的黄昏！我的小船停泊处，是离城还有一里三分之一的地方，这城恰当日落处，故这时城墙同城楼明明朗朗的轮廓，为夕阳落处的黄天衬出。满河是橹歌浮着！沿岸全是人说话的声音，黄昏里人皆只剩下一个影子，船只也只剩下个影子，长堤岸上只见一堆一堆人影子移动，炒菜落锅的声音与小孩哭声杂然并陈，城中忽然当的一声小锣，唉，好一个圣境。”

沈从文还向张兆和转述母亲想念她的话，而母亲是对大哥说的，大哥又转述给沈从文，沈从文呢，又在信里转述给张兆和。这像极了一个接力的爱。

虽然转述的话在转述的过程中会减少一丝原来的味道，但是，沈从文在转述之前已经将甜言蜜语说尽了。他在信里这样写：“我心中尽喊着你，有上万句话，有无数的字眼儿，一大堆微笑，一大堆吻，皆为你而储蓄在心上！我到家中见到一切人时，我一定因为想念着你，问答之间将有些痴话使人不能了解。也许别人问我‘你在北京可好？’我会说‘我三三脸黑黑的，所以北京也很好！’不是这么说也还会有别的话可说，总而言之则免不了授人一点点开玩笑的机会。”

是啊，不论别人问他什么，凡事先夸三三的好，自然是好笑又幼稚的。但爱情不都是幼稚的吗？所以，这样的甜言蜜语，张兆和哪能不欢喜？

而这样的信件，若是让九妹或是张充和看到了，又怎能不取笑他们两个呢？

除了在心里存着一大堆吻，沈从文还在夜晚的时候摘了一大堆星星，他有些痴傻，每天晚上看着星星的时候，都觉得，那个最大最亮的，一定是张兆和，而旁边的那颗星星呢，就是他的眼睛。

另，一九三四年一月二十一日下午三点钟，沈从文到达凤凰家中，一到家里，就看到了张兆和寄来的四封信，还有她寄来的照片。照片是极好看的。

沈从文的母亲，精神虽然很好，但身体依旧病得厉害。沈从文听从母亲的安排，等母亲过了生日再离开。母亲的生日是一月二十六日，他要在家里住上五天。

为了讨母亲高兴，有亲戚来看望时，沈从文便拿出张兆和的照片让他们看，自然会得到极好的赞美。

夜深了，家里人都睡下了，沈从文才能给张兆和写信，信的末尾他写道："我想你得很！你应当还有些信来方好。"

之八　返程的情书

刚到凤凰的第二天，沈从文在信的末尾已经知会了张兆和，可能要晚走一天，因为母亲的生日是农历的腊月十二日，正好是一九三四年一月二十六日。

沈从文只好将计划往后推迟了一天。

下行多是顺着水漂流，自然比来时要快好多。本来是打算要在武汉停一下的，他带了一些土特产，想给凌叔华送去。但又觉得耽误了见到三三的时间，便又在信里另作打算。想着先回北京，大不了将东西从北京寄回到武汉。

在潭口，小船还有一个仪式，为了佑得这船行驶得安全，是要在船头那里放一些鸟的食物。这已是旧有的规矩了。如果河上的一种红嘴的老鸦前来就食，那么，便是安全的信号。说明，这吉祥已经送到。接下来的行驶是安全的。

沈从文所乘坐的小船自然也有老鸦前来觅食，这样真好。像是得了一个空中的祝福。

因为有盼望，所以，沈从文带了不少的东西，除腊肉腊肠，茶叶桔子，还有一只牛角，大概是有些用处，特地从苗族的巫师那里求得的。

在船上行走，自然吃鱼多一些。鱼也便宜得很，一毛钱一斤。沈从文在二月二日的信里对张兆和说："假若这样在船上半年，不必读一本书，我一定也聪明多了。河鱼味道我还缺少力量来描写它。"

是啊，鱼含磷，大概是有利于开发人的智慧，这已经属于营养学范畴了。不过，以沈从文当年新婚小别的情怀来写"吃鱼会变得聪明"，不过是指他能在某条爱情河里游得更加自由舒适。

大概是吃鱼多的缘故，沈从文又想找人说话。他做了一个计划，想带着张兆和来这里体验一下生活，坐坐船，听听橹歌，吃吃鱼，这生活实在是可以解答任何烦恼的。

二月二日中午，沈从文在船上又看到了一处好景致，站起身来，对着那美好处大声地喊了三声。他实在是太喜欢眼前的风景了，照相机的胶片用完了，彩色的笔也送给了家里的孩子，只好用钢笔画了一个简笔的画。

然而，好的景致只是刚刚开始，小船又行了一段路，到了一个叫作新田湾的地方。这地方更是美得让沈从文惊艳。他在信里这样描述眼前的风景："三三，更不得了，我又到了一个新地方，艄公说这是'新田湾'，有人唤渡，渔船上则有晒帆晾网的。码头上的房子已从吊脚楼改而为砖墙式长列，再加上后面远山近山的翠绿颜色，我不知道怎么来告你了。三三，这地方同你一样，太温柔了。看到这些地方，我方明白我在一切作品上用各种赞美言语装饰到这条河流时，所说的话如何蠢笨。"

水的流动或者静止都能打开沈从文。沈从文觉得欢喜又悲凉。欢喜的是，他并没有错过美好的景致，也没有忘记将这美好的景致写到信里，和张兆和一起来看。但是，他很悲伤的是，他发现，面对这几近印刷油画的好风景时，他突然体味到自己的局限。以前，他年轻，总觉得，凡事都抵不过他手里的笔，他轻易地可以写出来，细节绝不会忘记。然而，这一次，在新田湾，沈从文觉得他自己的语言只是这大好风景的一只小凳子，虽然也能供一两个人歇脚，却远远不能给别人提供更为宽阔的视野。

是啊，以前年轻时，还觉得自己有写作一切的能力。现在，面对这一条河，河两岸热烈而丰富的生活现场，沈从文觉得，他的笔写下来就是对这十分美好的一种减弱，甚至，是背叛。

从常德的桃源县到凤凰，上行的时候，沈从文用了整整八天的时间。而下行的时候，则只用了两天不到，便到了。因为沈从文给张兆和留了常德的地址，所以，他必须到常德去取她寄给他的信。

他估计着时间，希望能得到张兆和的三封信。又觉得自己太贪心了。因为张兆和在家里也很忙碌，除了要照顾九妹和张充和，还有一位客人也住在他们家，这个客人是个作家，叫作巴金。所以，沈从文想着，至少也要有一封信吧。以免得他在返北京的火车上过于寂寞。在信里，他写道："这信中所说的正是我要听的话，不管是骂我也行。"

越走越离张兆和近，沈从文便越着急。他是恨自己没有翅膀的。

他想着张兆和就着火炉帮他看稿子的情形，还要等着九妹与四妹都睡下了，才又将沈从文的信拿出来再看一下。沈从文觉得夜晚安静，就这样想着张兆和也是温柔的，甜蜜的。

他一边写信，一边在想着要在常德将这信寄出来。

还有，在船上时，他让水手帮他买了十个桃源的煮鸡蛋，想着要剩下一个给张兆和留着。他觉得，自己这一路上，虽然一直拿着张兆和的照片说这个说那个的，却并没有给张兆和吃他路上所吃的东西。带上这样一个鸡蛋，就算是让她也和自己同甘共苦了一遭。

这真是一个圆满的结局。

第六辑

怅惘

之一　高青子女士

有关沈从文的婚外情，沈从文自己曾在那篇《水云》里写到过四个“偶然”。

其中第一个偶然，已经被确证为女作家高青子。

二〇〇九年第二期《十月》杂志曾发表沈从文的一篇佚文，并配发了学者裴春芳的长篇考证文字《虹影星光或可证》，这篇长文曾将张家四小妹张充和确证为沈从文的爱恋对象。但不久，被学者商金林反驳。似乎是证伪了。

沈从文自然是一个内心丰富的人。一个内心丰富的人，一个情商较高的人，他有能力去爱更多的女人。这是他对爱情的最为具体的贡献。

窃以为，一个男人，他的感情也未必忠贞到内心只放一个女人才算是高尚。感情若是真的，那么它便无法装置开关系统。感情是一种突然到来的好感，而这好感又因为际遇的叠加造成了身体的电流，从而将当事的双方连接，产生光亮和火花。

这是物理学的，也是化学的，更是生物学的。这种自然而然的感情，几乎是人类得以延伸的必然依据。这自然是值得赞誉的。

相比较轰轰烈烈的徐志摩，沈从文是一个懦弱而胆怯的人。他的向内的性格造成了他的一生只能狂热一次。是的，他用在了张兆和身上。

这狂热几乎耗尽了他半生的热量。单恋张兆和的那些时光，他疾病、贫困，不停地流鼻血，发热，甚至还多次想过自杀。

这般投入的一段感情，终于有了结果，对于沈从文来说，就像打开了一个生锈的锁一般，他几乎把自己毕生的爱都存放在了张兆和这个箱子里。

然而，爱如烟云一般，总会有一缕风，吹动沈从文的心，让他陷入一段新的美好里。

比如高青子的出现。

高青子是一个文学青年，她喜欢沈从文的小说，甚至熟读了那本一九三〇年出版的《沈从文甲集》。高青子第一次见到沈从文的时候，她是熊希龄处的家庭教师。大概和罗尔纲在胡适家里一样，是辅导孩子的功课。沈从文因为早年在熊希龄的手下做过事情，有一次去拜访熊希龄的时候，正遇到前来迎接的高青子。

双方交谈，高青子欢喜地知道，眼前的人就是那个湘西走出来的传奇的作家。很是关切地多问了几句，大约。大概一个月以后，沈从文又一次到熊希龄家里时，发现，高青子穿着一身“绿地小黄花绸子夹衫，衣角袖口缘了一点紫”，沈从文愣了一下，就笑了。高青子所穿的衣服，他在小说里写过。是那篇《第四》。沈从文在那篇第一人称的小说里写他在公交车上遇到一个美人，装扮便是高青子现在这样的。

这样的铺垫，对于沈从文这样一个本来已经情有所属的男人来说，无疑是一份小诱惑。

高青子与沈从文第一次见面的时间，据学者刘洪涛考证，应该在一九三三年八月以后，正是沈从文的新婚前后。

当时的沈从文正忙于婚事，之后不久，又因为湘行探母亲的病，大概也就淡忘了这份别的女孩子的牵念。

但人的感情的需求，有时是那样世俗。

沈从文在爱情的世界里，先是被骗，其次是单方面付出，几乎，他处于爱情河流的下游。他几乎从未尝到过被别人仰视甚而崇拜的爱恋之情。

所以，高青子只要那身衣服没有毁去，她机会颇多。

果然，二人的交往是通过小说的交流来实现的。

一九三五年，高青子在沈从文主编的《国闻周报》副刊发表了小说《紫》。这枚小说的叙述是八妹。这显然是暗指沈从文的九妹。小说以八妹的口气和视角，讲述了哥哥与两个女子之间的感情纠葛。小说里的哥哥有未婚妻珊（这暗指了沈从文的三三），但哥哥在一个偶然的机会，遇到并爱上一个名字叫璇青（这里暗指高青子），穿绿底紫衣的美丽女子。哥哥既舍不下未婚妻，也受着璇青的诱惑，就那样在两个女子间徘徊，一个将订婚且相爱，另一个引为红颜知己。

小说的写作方式非常接近沈从文，将现世中最为熟悉的感情做了贴近人物的书写。所以，高青子这篇小说的心理刻摹也非常成功。这篇小说的发表，曾引得沈从文的一些朋友的猜疑。

因为除了小说的情节指向了沈从文的九妹和三三，连小说里“璇青”的名字也来自于沈从文曾用的一个笔名“璇若”，璇若 + 高青子 = 璇青，这真真是赤裸裸的爱情表白。

一九三六年元月，张兆和带着龙朱和虎雏去苏州避难。

正是这期间，沈从文在一封信里面诚实地给张兆和做了一些剧透。这样的信件在现代文学史上并不少见，我想起胡兰成也对张爱玲坦白过他喜欢护士小周的事情。

沈从文向张兆和坦白他对一个小说家有好感的事情，其实并不是想要告诉张兆和他对高青子的爱已经超过了她，而是想让张兆和明白，他是一个对她完全没有隐私的人，而且他对高青子的好感也只不过是一个人生的体验。他呢，甚至还想让张兆和与他一起来体验。

显然，他想错了，这导致张兆和非常恼火地写来了嫉恨又伤心的信。

沈从文自然又开始了他的彷徨。本来，他对张兆和就是一种感恩的心态，他一直觉得，张兆和是不可能和他好的。结果，却被他执着又良苦的用心打动了。其实，一直到一九三六年，他们有了两个孩子，他也并没有结束对张兆和的初恋般的崇拜与爱。

但是，他也说不清楚，自己究竟为何在内心里多出了一个空间，并且刚刚好放下了一个女人。他有些苦闷。

想起了平时和他聊天甚是投机的人，如果是男人，他一定会给王际真或者徐志摩说的。可是，徐志摩已经不在人世了，而王际真呢，也因为他的婚姻及工作的迁移，失去了联系。女性的朋友呢，丁玲已经疏远了。凌叔华并没有亲密到可以说这些隐私的地步。只有找林徽因来说说自己的这份新感情了。

于是沈从文跑到了梁思成家，并与林徽因有了一次长谈。林徽因善良，听着沈从文的自我分析，便想到了自己的过往。等沈从文走后，林徽因还把刚刚听到的这些细节写信告诉了她美国的好友费慰梅，她是这样写的：“这个安静、善解人意、‘多情’ 又‘坚毅’的人，一位小说家，又是如此一个天才。他使自己陷入这样一种情感纠葛，像任何一个初出茅庐的小青年一样，对这种事陷入绝望。他的诗人气质造了他的反，使他对生活和其中的冲突茫然不知所措，这使我想起了雪莱，也回想起志摩与他世俗苦痛的拼搏。可我又禁不住觉得好玩。他那天早晨竟是那么的迷人和讨人喜欢！而我坐在那里，又老又疲惫地跟他谈，骂他，劝他，和他讨论生活及其曲折，人类的天性、其动人之处和其中的悲剧、理想和现实！”

一九三六年二月二十七日，沈从文收到林徽因的安慰信，林徽因信中说：“接到你的信，理智上，我虽然同情你所告诉我你的苦痛（情绪的紧张），在情感上我却很羡慕你那么积极那么热烈，那么丰富的情绪，至少此刻同我的比，我的显然萧条颓废消极无用。你的是在情感的尖锐上奔进！……你希望抓住理性的自己，或许找个聪明的人帮忙你整理一下你的苦恼或是‘横溢的情感’，设法把它安排妥帖一点，你竟找到我来，我懂得的。”

林徽因自然懂得沈从文的这一种感情，她想到了徐志摩当初给她写的那些情书。她知道，爱情，无论在什么样的情景下产生，都是美好的。所以她赞美沈从文对她描述的他对高青子的感觉：“我认为最愉快的事都是一闪亮的、在一段较短的时间内迸出神奇的——如同两个人透彻的了解：一句话打到你的心里使你理智和感情全觉到一万万分满足；如同相爱，在一个时候里，你同你自身以外另一个人互相以彼此存在为极端的幸福；如同恋爱，在那时那刻眼所见，耳所听，心所触无所不是美丽，情感如诗歌自然地流动如花香那样不知其所以。这些种种都是一生不可多得的瑰宝。”

可是，林徽因知道，这爱情虽然美好，但若是这爱情的温度过于滚烫，也是会灼伤人的，比如，现在，已经有了被烫伤的人：张兆和。所以，她不能给沈从文一些结论。她让沈从文有时间再来和她说一下，再来讨论一下。甚至，林徽因给沈从文找了一个极好的聊天人选：“你去找老金（金岳霖）谈谈，他真是能了解同时又极客观极懂得人性，虽然他自己并不一定会提起他的历史。”

金岳霖喜欢林徽因，如今已经是大家都知道的秘密了。可是在二十世纪三十年代，并不是人人皆知的故事。林徽因知道金岳霖喜欢自己，并因此不结婚。但是，她却一直恪守着为人妻的本分，把持着合适的温度与他相处。而金岳霖呢，也是一个懂得爱情的人，他虽然喜欢林徽因，却并不愿意破坏她现有的幸福。所以，喜欢，就要成全她的喜欢。

林徽因让沈从文找金岳霖谈话，自然是想让金岳霖用自己的爱情史来告知沈从文要把持住自己，不要因此而破坏了家庭。

经过一段时间的自我疗救，本来已经度过了这段婚外情的沈从文，却遇到抗日战争爆发。

一九三七年八月，沈从文离开北平，经过天津、青岛、济南、南京，终于到武汉，最初借住武汉大学陈源、凌叔华家。十月底，随教科书编写组到长沙。第二年四月，沈从文经贵阳到达昆明西南联大。而差不多，也是在这个时间不久，高青子也到了昆明，在西南联大图书馆任职。

据考证：高青子在西南联合大学图书馆登记的名字为高韵秀，到职时间为一九三九年六月，离职时间为一九四一年二月。

在昆明，沈从文与高青子的交往更加密切，这引起了流言。台湾作家蔡登山曾经采访过定居台湾的女诗人徐芳。徐芳在一九三八年到昆明，住在昆明市玉龙堆四号，她和张敬小姐共住一间房，而高青子和熊瑜（熊希龄的侄女）共住一间房，她们四人共享一间客厅。徐芳对蔡登山说，当时高青子和沈从文的来往比较频繁，在联大的流言是颇多的，主要原因是沈从文已经有家室了。

或者是与高青子的交往中有了进一步的身体交往，当时的沈从文曾经写过一篇以他和高青子恋爱为原型的“色情小说”，名字叫《看虹录》。这篇小说依旧是第一人称书写，“我”是一个小说家的身份。小说写我在深夜去看望情人。寒冬，室内的火炉让两个人有了

沈从文与张兆和
1934 年于达园

沈从文
抗战前于北平

沈从文一家
五十年代于北京

某种热情。于是两个人做了一次身体上的交流。在这篇小说中，沈从文对女主人公身体的刻摹，近乎有着原型。后来这篇小说被郭沫若批判为桃红色文学。

而生活的琐碎终会将沈从文从高青子那里获得的一点爱情的愉悦磨蚀，剩下小说里关于身体的一点回忆。

多年以后，有人问起沈从文以婚外体验写就的小说时，张兆和的回答是："这篇小说可能一半是真情，一半纯属幻想。"

是啊，对于张兆和来说，沈从文一直是趴在情书里的小奴隶。她没有解开锁，沈从文怎么可能会逃出去呢？她是确信沈从文不会背叛她的。

所以，在沈从文先生去世以后，整理书信的时候，张兆和才意识到，这么多年来，一个"有才华的沈从文"在婚后并没有维持他的才华多久。他只是一个奴隶，却一直没有迎来解放。

张兆和自己也觉得难过，替沈从文感到忧伤。

只是忧伤。

之二　九妹的哀伤

看过两篇写九妹的文字，一篇较早一些，作者是刘洪涛；一篇稍近一些，作者是颜家文。文章读完了以后，一声叹息。

觉得哀伤。

自从一九二一年沈从文在芷江谋得一个警察所的办事员职务，他便接了母亲和九妹一起生活。正是从这一年开始，沈从文便担负了照顾妹妹的责任。

一九二一年的九月，沈从文因为一场爱情被骗，逃离芷江，在常德、保靖等地辗转了一下，于一九二三年八月下旬抵北京。至一九二七年夏，沈从文总算是落住了脚，正逢上湘西有战事，母亲又携九妹到了北京。

一九二八年沈从文抵上海，与胡也频、丁玲一起办杂志。九妹又与母亲一起到了上海。自此以后，一直到沈从文结婚，一直到抗日战争爆发，沈从文和张兆和去昆明，九妹一直与沈从文在一起生活。也就是说，九妹从十五岁时和哥哥一起生活，一直到一九四三年离开沈从文，整整在一起生活了十五年。

一九三〇年，沈从文单恋张兆和期间，和远在美国的友人王际真通信。每一次写信，常常会在信的末尾附上一句“岳萌附问”。

其实，沈从文有意让王际真帮着留心，他想让妹妹出国的。

因为沈从文自己没有能力上大学，又加上他所认识的一些才女，比如林徽因和冰心都是出国留学生。所以，他希望能凭着自己的努力让妹妹成为一个女学者，好谋一份她自己的美满。

一九三〇年一月二十七日，沈从文在致王际真的信里写道：“近日仿佛为抖气原因，只愿意同一个又丑又性劣的女人同住，但不消说这事并没有实行可能。许多女人认为我是好作者而不认为我是好丈夫，所以若非每到危险思想来时想到九妹，我有十二个机会不活到这世界上了。”这是追求张兆和受挫时的郁闷心情，但是，一想到还有九妹需要他来养，所以就只好再继续努力工作下去。

两个月后的三月二十七日，沈从文又在信里说起了九妹：“因为怕太影响了年轻的人，所以才把九妹送到上海去的，可是这孩子已经因为过去生活，养成一个最劣最强的脾气了，脑子里转旋的一切，完全不合宜于年岁。所想到的所意识到的人生，一些地方过于发达，一些地方又十分糊涂，若果是有方便，有一种巧遇，我真愿意她到法国或美国去，学一些读书以外的技能，学跳舞或别的东西，我为她在中国每年寄一千把块钱，尽一个新的地方造一个新的命运。她现在上海一个法国人处学英语同法语会话，这是前年就学了的，可是换一个地方，换一个教员，又是重新起始，真像是特意为那些教员而读书的样子。我一面想到自己真料不到还欢喜活多久日子，一面又为她将来担心，就感到烦恼，真不知什么方法是最好方法了。”

在此之前的一九二九年十一月四日，沈从文为了九妹入中国公学做旁听生，还曾给中国公学的校长胡适写过信求助："适之先生，前日到极司斐尔路，先生出门，不遇而归。从文有妹，想在中公不求学分、不图毕业、专心念一点书，作为旁听生，按照章程缴费上课，现在至校，唯目下无法缴费，拟请学校许可由从此后月薪中扣除，若无此规矩，则请许可暂缓缴费——再不能，则只请许可仍然迁出宿舍矣，因人虽进宿舍，功课选定，既无办法，从言语固不能因私事而使本校规则破坏也。"

胡适自然也允下了沈从文的请求。

沈从文仍然觉得不满足九妹的教育，所以才给她请了外教，来教她法语和英语。

在一九三〇年四月底给王际真的一封信里，沈从文这样写道："九妹是因得把数学打点基础，所以迁到了上海学校去了的。"除了外语，数学也是要花钱补课的。

大概王际真看到沈从文一直很替九妹着想，甚至还想着让她到美国留学，所以，王际真在信里也就介绍了一些适合国内的学生做的事情。比如做一个喜剧演员什么的。

一九三〇年十一月，已经到了武汉大学的沈从文给王际真的信里，讨论到了这样的事："到美国来演电影，若果当真有这方便，而且这事又不十分坏，九是想必愿意来的。不过她淘气得很，这很担心。我也当真愿来做戏，要我扮小丑，只要不丢中国人的脸，我都欢喜干。"

这些信都是为了九妹的事。

好在，沈从文因为文章写得好，事业上一直还稳定着，总还有一份体面的教书的工作，书出版还算顺利。最重要的是，一些知名的人都还帮着他。这让他的爱情也顺利了些。

一九三三年九月九日在北京结婚后，九妹自然也是跟着一起生活的。

此时的九妹已经二十一岁，正是如花的年纪。

开始的时候，张兆和和沈从文托人给九妹找合适的恋爱对象，好像有人介绍了一个叫夏云的教授，在燕京大学教书。可不知缘由，两个人并没有继续下去。

后来，张兆和对于这件事的评价是："九妹的心太高！"

后来不久，沈从文回乡探母，和大哥沈云麓以及六弟沈荃拉家常时，说起过要帮助家乡的人，如果可以成材，他可以资助他去北京念大学。

家乡的刘祖春就这样进入了沈从文的家庭。一九三四年，沈从文资助老家的文学青年刘祖春到北京上学，一九三五年，刘祖春考上北京大学。

这期间，只要是周末，刘祖春到沈家，沈从文两夫妻便极力给九妹和他制造机会。两个年轻人呢，也彼此有好感。

一切都朝着花好月圆的结果去的，但是，在大学期间，刘祖春便加入了共产党。一九三七年，刘祖春决定参加革命，要去山西参加抗日的队伍。他觉得自己的选择有可能会有牺牲的危险，由此而怕连累了九妹。就决绝而去。

大概九妹的感情由此受到了伤害，有关恋爱的那扇门，从此以后几乎就关闭了。

一九三八年，张兆和带着孩子及九妹从北京赶往昆明，与沈从文会合。此的九妹已经接近而立之年，却仍然没有再开一朵有关爱情的花。

到了昆明以后，九妹在西南联大的图书馆工作。因为心境的关系，她遇事不爱向前争取，于是信了佛，甚至吃素。

一九三九年三月二十一日，沈从文给六弟沈荃的信里写到了九妹的现状："九妹在此很好，其信中间或说点抽象话语，事实上一切都很好，足放心也。其弱点不是凡事听我话，养成一种观念，倒正是重要问题不肯听我话。因若干稍听我话之外人，亦成就可观。彼自是之心强，有时使我毫无办法，弟似未知之也。即以婚事言，五六年前夏云对之极好，彼亦明知，至向其说及婚事时，则不允许。至今觉悟，则人无此耐心与兴趣矣。有关读书做人类此者多，正复难言。不过如今在此，一面在学校（上午去），一面在家写字读书，尚有头绪，生活则并不算坏，大哥与弟，应为放心。"

沈从文的笔下，这个时候的九妹已经有些异常，比如，在信里会说一些抽象的话。什么叫作抽象的话，自然是对方并不懂的话。还有呢，就是并不听沈从文的建议。沈从文在信里的意思是说，

沈从文、沈荃六弟、母亲、岳萌九妹、云麓大哥
1928 年于上海

哪怕不如九妹的人，听了沈从文的建议，都有了自己的成就，可是九妹偏不，太有自尊心，太有主见。沈从文也管不了她，只能任由着她。

一九四一年四月三十日，在给大哥的信里，沈从文提了一句九妹：“九事作得甚好，望来个信鼓励鼓励她，通信处可写联大图书馆，当能收到。”

这个时候，九妹的工作上并无不妥之处。

事情出在一九四二年，大概是夏末的时候，九妹所在的图书馆遭遇了敌机的轰炸。她帮着别人抢救东西。等到安全警报响起，她回到自己的住处时，发现，房间里一片狼藉。原来是进了小偷，将她的积蓄以及所有值钱的家当席卷了去。

一时间，九妹受到了打击，神经错乱，迷混了很长时间。

颜家文在写九妹崩溃的这一段时是这样说的：“物件的被盗是一方面，但是那种大龄女孩所有隐私和独有空间及这个空间里的梦和美，被别人侵袭、洗劫，以至亵渎，或者说是一种强暴，对她可能是更致命的击毁。”

虽是猜测，却也极有道理。一个单身太久的大龄女生，她的内心以及隐私，不能为外人知道，不然，她会有一种被脱去衣服在大众面前展览的感觉。

这以后，九妹便时好时坏。

一直到了一九四三年的春天，三月六日这一天，沈从文给大哥沈云麓写了一封求助信："……半年来，不大明白情形的，还以为我不大理她，因之抑郁无聊，转而念佛。到近来熟人对其行为全领教后，方知道真正问题所在，都以为最好是换移环境才有希望，正因为若不变更生活，她未必真疯，我却只有气而且急，终至于死！即此勉强支持，事业工作，也全说不上，学校教书，就无从继续了，大小四口，怎么应付生活。（我明明白白向她提及此种极端困难处，她竟毫不以为意，只是微笑。）兆和在这个情形下，一面明知我的困难，一面又绝不便说她，然而忍受下去，眼看到孩子挨饿害病，而我毁去前途，怎么能忍？不能忍而居然忍受下去，一句话不说，家庭本来应有的幸福与精力，可说全耗尽了。"

因为九妹信了佛，要做善事，所以，动不动就拿着家里值钱的东西去捐了，自己的衣服也全都拿出来捐了。这让沈从文很是无奈。这封信的开头，沈从文抱怨九妹要捐一布袋面粉给叫花子。

沈从文在信里向大哥这样描述九妹的异常："很明显事情即我们这里生活，实在已近于战时生活，单纯而简单，好好工作，老老实实吃饭，省省俭俭用钱，宽打窄用，量入为出，无交际，无幻想，更无花样。九妹却完全生活在空想中，还只觉得这里不美，那里不妥，与之谈事实，竟像是完全毫无意义。老以为在修佛道，比一切人精进虔诚，万想不到家中目前需要的是应付生活，并非挽救灵魂。"

不久后，九妹被沈荃接走，回到了大哥所在的沅陵县。

然而，九妹常常一个人外出，有时候是深夜的时候。她一离开家，沈云麓就要发动人去找她回来。

直到她有一次外出，认识了一个泥瓦匠，唤作莫仕进，泸溪县人，当过兵，后来跑到沅陵县城来谋生存。

就这样，在上海学过法语、英语的九妹，在北京和燕京大学教授谈过恋爱的九妹，在大学图书馆工作过的九妹，因为精神失常，嫁作了一个乡下人。

悲伤的命运才刚刚开始，日常生活的苦楚，在接下来的人生里，沈从文便再也没有参与过了。一直到九妹于一九五九年饿死。泥瓦匠一九七二年也离世。

直到一九八〇年，沈从文才知道了九妹孩子的地址，通了信，要他到北京来。

一九八四年，九妹的儿子莫自来找到了北京，敲开了沈从文的门。那一幕该如何的悲伤啊！那个自幼年陪着他一起长大的九妹以近乎悲剧的方式离开了他们。

二〇一一年四月二十九日，作家颜家文借回老家的机会，去看望了沈从文的这位外甥莫自来。他在乡里面还有些名气，容易找到。时年六十五岁的他，两年前帮别人建房子，从高处跌了下来，头摔破了，颅内出血，送到医院里开刀。是沈从文的两个儿子龙朱和虎雏拿的手术费。

而莫自来膝下有一双儿女。女儿嫁了人，在县城打工。儿子也在外地打工，三十岁过了，仍没结婚。不知是穷还是其他原因。

九妹在哥哥的身边读书工作十余年，却没有写过一篇文字。沈从文曾在上海期间用九妹的名字沈岳萌发表过一篇文章，叫《我的二哥》，这是她的名字与这个世界发生过的唯一关系。

参考书目

1.《与二哥书》，张兆和著，中国妇女出版社2007年6月第一版。

2.《沈从文家书》（全二册），沈从文等著，江苏教育出版社2005年11月第一版。

3.《沈从文别集》之《自传集》《友情集》《记丁玲》《湘行集》《顾问官》，沈从文著，重庆大学出版社2011年6月第一版。

4.《沈从文研究资料》（上下），刘洪涛 杨瑞仁编，天津人民出版社2006年6月第一版。

5.《沈从文全集》第6、11、13、18、27卷，沈从文著，北岳文艺出版社2009年9月第一版。

6.《湘西秀士：名人笔下的沈从文 沈从文笔下的名人》，凌宇编，东方出版中心1998年10月第一版。

后记　那么，凤凰

下雨天到凤凰，便可知凤凰的美。遇到的第一个字，是，静。临江在一小客栈栖下，便宜得很。入夜，游客散尽，河水的声音像丝弦弹奏的乐曲，还有夜深时归来的旅行者，在青石板上行走的声音，清脆，孤独，如同夜晚抛给晚睡者的诗句，而雨声则成为伴奏。

凤凰因沈从文而闻名。沈从文写完凤凰，数十年时间也没有再回去过。他写过的那些细节被时间的水流走，早已经物是人非。

然而多数去凤凰的人，又都是因了沈从文，我也是。

抵凤凰是晚上，第二天一早便去沈从文的故居看了，失望又或者失落。被旅游开发的院子已经缺少了人气，我宁愿有沈先生的后人或邻居在那里居住着。

在沈从文故居的门口买了一种吃食，冰的，好吃。卖东西的人竟然是挑着前后两担，觉得异常的有趣，便跟着他走了一段路。我是想听他吆喝，还想跟着他走街串巷而拐入时间的空隙里，遇到沈从文的童年。

沈从文在童年里调皮，喜欢逃课，喜欢看杀牛，喜欢下雨天光着脚走路。住在凤凰的某天晚上，小雨，我忽然想起沈从文光着脚在街上走路。于是拿着相机出门，想拍到一两个当地的孩子光着脚的样子，结果不遇。

还是有好玩的事情发生。住在凤凰的第二天，我喜欢上一家湘西的土菜馆，傍晚的时候，这家菜馆将桌子往沱江边上一支，吃饭的人便可以坐在江水里。那真是一件孩子气的事情，我也做了，喝了一支啤酒，将脚浸在沱江里，问老板，有没有鱼来觅食，会不会咬到脚趾。老板幽默，说，这里的鱼好色，只咬女人的脚。说完，吓得旁边桌上的女人大惊失声。老板却捂嘴笑着走开。

凤凰有米酒，甜的，喝多了也醉酒，我便喝多了一次。还有一天，在虹桥旁边的小餐馆吃饭，旁边坐着一尼僧，面储善意，颇好看。不由得多看了几眼，发现，她竟然一直在喝米酒。于是想起出家人的戒律，凑上去，问了一句，酒可算破戒。那尼僧一笑，用半懂不懂的普通话答：米生出的东西均是食物。

这真是一个绝好的回答，于是当天晚上在寓住的小旅馆写日记，还给小旅馆的留言本写留言，也抄上这一句，莫名地开心。

凤凰像一行写在墙上的留言，需要慢慢发现。我在一个小巷弄里发现了一行字，是给清洁工的留言，我觉得特别好，拍了照片做纪念。忽然想起沈从文新婚不久，回湘西探母亲的病，在路上听到羊的叫声写下来，给张兆和听，看到在显眼处张贴的一则寻人启事，也觉得好玩，抄写给张兆和看。

世间的事，莫过于在内心里留下美好的痕迹。

我喜欢上凤凰的甜薯，大约是湘西常见的一种地瓜，我生在中原，没有见过。此种地瓜从外表看，像是大个的生姜，表皮更光泽一些。皮可剥，内容洁白，食之甘甜湿润，可口之极。也便宜得很，大约一元钱一斤。和友人曾作一可笑的试验，中午食一元钱的甜薯，下午走了一下午的路，却并不饿。于是大惊讶，说，原来在凤凰活着，食物成本是如此之低。

还有一天晚上，就着沈从文的书信，吃甜薯，愈发觉得，沈从文在书信里的那些甜言蜜语，也极有可能与他幼时的食物有关系。沈从文在《湘行散记》中曾经写了一个趣事，他借住在常德期间，贫穷之至，常靠一位表兄接济，当时这位表兄正喜欢着一个女孩，却又不知道如何表达，只好央求沈从文给他出出主意，于是沈从文便挥笔涂抹了一纸情书，想不到，那情书甚是管用，直把两个有情人拉成了眷属。而这位表兄便是黄永玉的父亲。

自然也坐了船，坐过两次。第一次，不懂，跟在一个船夫的女人身后，问她有多远，她说，很近。然而，走到了沈从文的墓地，才到了坐船的地方。

早听人说过，凤凰的船夫会唱谣曲，是旧俗了。沈从文在文章里写过的，船手们向上游逆行时，有些地方需要喊一些号子，才能憋足了气力渡过的。我记得有一处险滩很是奇怪，不论用多大的力气都不能让船上去，于是，几个年轻的船工憋得满脸通红，一齐骂娘，才会让船过了滩。于是时间久了，那个无名的险滩便被命名为骂娘滩。

我自然没有遇到，问那些船夫，都忙碌着算计时间和钱财，也不愿意细说。

就那样第一次坐在沈从文的墓地前，我不抽烟，却在沈从文的墓地前特别地想抽烟。后来，又去过很多次，每一次上去，都是坐一会儿，看看四周上来的人，听听别人如何评价沈从文，然后抽一支烟，便离去了。

也有一次，在夜晚的时候用手抄录了一段从文先生的文字，想着第二天到沈从文的墓地，贴在某棵树上，终觉得轻浮，没有做。只是在沈从文的墓地旁边坐了一会儿，回忆一段自己从哪一篇文字里开始喜欢沈从文的，便足够了。

有一个孩子，在母亲的指点下，在沈从文的墓地前充满挫折地朗读了一大段沈从文先生的文字，引来相当多的游客旁听，还有掌声。我正好遇上，鼓掌给他。那孩子很羞涩，一头扎进母亲怀里，说，他要吃冰淇淋。

不论是沈从文的故居还是墓地那里，照例都有书店的。沈从文的书，各式样的版本，我都买过的，几乎是一种收藏癖。但偶尔还会在凤凰买一本书，在凤凰住着，会觉得在这里买一本沈从文的书有特殊的意义，也有时候会特地跑一趟邮局，将书寄给某位朋友。

朋友收到书的时候，会打电话诉说意外和惊喜，他们多喜欢凤凰的邮戳，说看到从湖南凤凰寄来的一个信封，隐约中总有一种奇怪的盼望，他们以为，是多年前他们给沈从文的小学寄去的一封信又有了回音，朋友是一个沈从文迷，曾经冲动地想去沈从文念过书的小学去教书，写过一封求职信。

我在凤凰住了十天，吃了沈从文记忆里的食物，走了沈从文童年走过的路。最后，决定去沈从文的祖居去看一下。在沈从文《月下小景》中，是这样描述他的祖居所在地黄罗寨的：“当这松杉挺茂嘉树四合的山寨，以及寨前大地平原，整个被黄昏占领了以后，从山头那个青石碉堡向下望去，月光淡淡地洒满了各处，如一首富于光色和谐雅丽的诗歌。”听村里人说，最早开发沈从文祖居的人，是这个寨子里的另一位名人，叫颜昌文，是颜真卿的后人，习得一手好字。他投资将沈从文的祖居重修。

去乡下，路上的记忆最是丰富。先是要乘坐公共汽车到一个镇上，然后坐农民的摩托三轮车去黄罗寨。一起拼车的是一对小情侣，身上有医学院的中药气味。说话也是，总会用中药的名字形容看到的事物，十分有文学青年的形象。我跟在他们身后，试图记录他们的对话，想从中获取些特别的灵感。但很快便和他们分开，因为，我遇到一个更有趣的司机，他是一个好父亲，言谈中无意透露出他的儿子也喜欢沈从文的文章，作文很好。我便夸奖了他几句，不小心透露了我自己的身份信息。他热情地邀请我去他们家里做客，墙上挂满了他孩子的奖状，那父亲找来了一篇作文，老师的评语竟然有一个错别字。作文写得的确不俗，是模仿沈从文的标题，叫作《一本小书》。大概是讲他看的一本小漫画书的内容，有些地方错了，可是同学们很喜欢，他想纠正，却发现不管用，他觉得很孤独。

我被这个孩子的作文吸引，一直在他家里坐着，等着他回来，可惜的是，那天天气晴好，那个孩子“玩疯了”，偏不回来。我还要去村子看看，只好辞了去。那父亲热情，却不大会讲普通话，几乎每一句都要说两遍，有个别字句像湘西的菜肴，模糊，有香气。

他善意的笑脸一直影响着我，那个孩子的作文也是。

我接下来，行走了整个湘西，沿怀化抵芷江、新晃，后返凤凰后又去了保靖和花垣，再然后，又去了沅陵，从水路返回常德。

我历时二十八天，走完了沈从文一九三四年的全部路线，而且还找到了“箱子岩”和“鸭窠围”两个地名。那真是一千里路云和月，三十天尘和土。

走完全部的湘西行程之后，我决定在凤凰买一套房子，将我少年时的某个梦想种在那里。那里有山有水，有曲折的乡下，有让我可以坐着发呆的沱江水，有喧嚣的游客和默默到沈从文墓地去静坐的同好者。

那真是一个神经质的决定，我买了临沱江的一套大房子，复式。虽然后来有很长一段时间一直空在那里，却像是一个地址，时常让我牵念。那套房子距离沱江不到十米，旁边新修了一座木桥，流水从桥下流过的声音就像我第一次到凤凰的晚上听到的一样。

我喜欢凤凰城的格局，四面环山，一条沱江将它切成两半，一半放入现代化城市的格局，每天演出庸常的生活细节，一半储藏着沈从文先生的童年，青石板、吊脚楼，又或者深夜雨声中一两个孤独行人的脚步声。

凤凰，像是食物的一种，偏深色，保质期长，一口便可尝到沈从文的童年。是啊，这一切都那么梦幻，那么诱人，那么温热，那么湿润。

那么好。

沈从文夫妇
1981 年于北京

图书在版编目（CIP）数据

小念头：恋爱中的沈从文 / 赵瑜著 .-- 北京：作家出版社，2017.3

ISBN 978-7-5063-8602-9

Ⅰ . ① 小… Ⅱ . ① 赵… Ⅲ . ① 沈从文（1902~1988）- 传记 Ⅳ . ① K825.6

中国版本图书馆 CIP 数据核字（2015）第 304753 号

小念头：恋爱中的沈从文

作　　者：赵　瑜
责任编辑：王　炘
特约编辑：巫莎莎
装帧设计：鲁明静
出版发行：作家出版社
社　　址：北京农展馆南里 10 号
电话传真：86-10-65930756（出版发行部）
E-mail：zuojia@zuojia.net.cn
http://www.haozuojia.com（作家在线）
制　　作：北京大观世纪文化传媒有限公司
印　　刷：北京中科印刷有限公司
成品尺寸：145×210
字　　数：120 千
印　　张：8.5
版　　次：2017 年 3 月第 1 版
印　　次：2017 年 3 月第 1 次印刷
ISBN 978-7-5063-8602-9
定　　价：35.00 元
